# プレイングマネジャーの教科書

## 結果を出すためのビジネス・コミュニケーション58の具体策

田島弓子＝著

ダイヤモンド社

# はじめに

## 数字・部下管理・板ばさみ・多忙で激務。
## 〝四重苦〟の中で日々奮闘している、中間管理職のあなたへ

### ●落ちこぼれマネジャーの自分がサバイバルできた理由

私は17年間のサラリーマン時代、10年以上をプレイングマネジャーとして働いてきました。
正直に告白すれば、はじめて管理職と呼ばれる立場になったときは、昇進の喜びよりも、指導力を発揮して部下を引っ張っていけるだろうかという不安の気持ちでいっぱいでした。

営業という仕事でしたから、何よりも数字のプレッシャーがあります。
自分自身の数字も達成しなければいけない。
その上、チームの目標（数字）も達成しなければいけない。
もちろん管理職なので、部下も育てなければいけない。
当然、上司もいるし、他部署との調整もある。

業務量は増え、ますます時間は足りなくなる……。

この現場マネジャーであれば誰もが抱える〝四重苦〟を前に、自信を失っていました。

もしかしたら、この本を手にとってくださったあなたも同じかもしれませんが、恥ずかしながら、やる気も〝やれる気（自信）〟もない、気の弱い新米マネジャーだったのです。

特に外資系企業に勤めていたせいか、良くも悪くも個性派ぞろいのメンバーたちに常に囲まれていました。成果主義で「個」を鍛えられたプレーヤー、業界経験豊富な年上の部下、言うことをきかない部下、部門間連携における利害のかみ合わないメンバー。さらには部下だけではなく、価値観の違う上司……。

当時は、部下の前で上司に叱られたり（今は「あえて」上司がそうしたのだと理解できます）、他部署のメンバーに協力をボイコットされそうになったり……。

実に大変なマネジャー業でした。

しかし、そんな落ちこぼれマネジャーでも、どうにか中間管理職としてサバイバルし、マイクロソフト時代には社長賞をいただくほどの成績を、チームで上げることができました。

## ●これからの中間管理職に必要なのは「ハブ型マネジャーシップ」

ではなぜ、落ちこぼれの気弱なマネジャーが、チームで成績を上げられるに至ったのか。

それは、気弱マネジャーならではの「最強のツール」があったからです。

最強ツールとは、「ハブ型マネジャーシップ」のことです。


気弱なマネジャーはたとえていうなら、シマウマ型マネジャー。強いリーダーシップを発揮するライオン型マネジャーとは対極の存在です。

一見、おとなしい草食系に見えるけれども、チーム内で何が起こっているかを敏感に察知。主張するのは苦手でしたが、お互いの言い分をよく聞いて、対立した意見をまとめたり、上司と部下の間に入ったり……。シマウマ型マネジャー特有の「調整力」を発揮し、チームをまとめていくことに成功したのです。

それはあたかも、複数のパソコンをつなぐネットワーク機器のハブのような役回りでした。

マネジャーが自己主張をするよりも、メンバーの様子を観察しながら個性と個性をつなぎ、部門間をこまめに行き来をしてまとめ上げ、調整し、道筋を作っていく。

また、時には上司と部下の間に立って翻訳者のごとく両者の意見や要望を伝えていく。

このように中間管理職がハブになることで、仕事が流れ、スムーズに循環し、大きなネットワークとして機能するようになりました。

ハブ型マネージャシップにおいては、部下は「使う」のではなく「パートナー」、プロジェクトメンバーは「ライバル」ではなく「同士」です。

「人の上に立つ」「デキる上司と思われなければ！」という発想は捨てることにしました。そして、これまで以上に、指示や指導というやりかたではなく、部下やチームメンバーを理解し気遣うこと、話を聞き、状況を観察することを心掛けたのです。

すると、少しずつではありますが、彼らが心を開いてくれ、指示などしなくても、自分から動いてくれるようになってきたのです。

一時はボイコットされそうになっていたプロジェクトメンバーからも、協力してもらえるようになってきたのです。

こうした経験を通じて、私は「マネジャーにリーダー的資質は必須ではない」と思うようになりました。今の時代、プレイングマネジャーに求められるのは、リーダーシップよりも、「ハブ型マネジャーシップ」であると考えたのです。

## ●コミュニケーションは大事だとわかっていても……と言う人へ

ところで、社団法人日本経営協会が２００９年12月に『ビジネス・コミュニケーション白書２０１０』という調査報告を発表しました。

その報告書を見て印象的だったことが２点あります。

ひとつめは、組織内コミュニケーションについての重要度の認識について、**「コミュニケーションは不可欠なものである」と答えた人が全体の9割**を占めていたこと。そしてもうひとつが、組織内コミュニケーションの現状について、**「満足できない」が「満足できる」の2倍の7割弱**を占めていたことでした。

つまり、10名のうち９名が職場におけるコミュニケーションの重要性を認識しているにもかかわらず、７名もの人が現状のコミュニケーションに満足していないというのです。

組織内コミュニケーションの現状について

| | 合計 | 満足できる | 満足できない | 無回答 |
|---|---|---|---|---|
| 回答数 | 298 | **92** | **196** | 10 |
| 比率（%） | – | **30.9%** | **65.8%** | 3.4% |

『ビジネス・コミュニケーション白書2010』p21より作成

大事だとわかっているにもかかわらず、現状に満足できていないのはなぜでしょうか。

それを検証するのに、もうひとつ参考になるデータをご紹介しましょう。

それは、同じく日本経営協会が実施した『日本の中間管理職白書2009』中、「部署の管理の上で直面している問題や悩み」についての設問でした。

その回答のトップ2が
「業務量の負荷が大きい」

「時間的な余裕がない」

だったのです。


プレイングマネジャーは、自分の仕事も含めた業務量の多さと常に闘っていて、そのような状況では、部下やチームに対するコミュニケーションの時間がとれない――。

このような中間管理職の悩みが、データによって再確認できました。

わかっちゃいるけど、時間がない。

コミュニケーションなんて得意な人だけやればいい。自分は苦手だし。

相手あってのことだから、すぐに成果につながるとは信じがたい。

そんな気持ちから、ビジネスコミュニケーションを後回しにしている人も多いのではないでしょうか。しかし、これは大きな誤解です。
多くの人がやるべき順番を、逆に考えているように思います。

日常業務で手いっぱい
⇩
コミュニケーションは後回し
⇩
職場の空気が停滞する
⇩
仕事が思わぬところでストップしたり、部下とのトラブルが生じたりする
⇩
ますます業務が増える

これではいつまでたっても、中間管理職の〝四重苦〟から解放されることはありません。

あなたひとりが疲弊する一方です。今すぐやり方を変えることを提案します。

日々のコミュニケーションを
・パターン化する　・習慣化する　・仕組み化する　・マルチタスク化する
⬅
部下やチームメンバーが自立して動く
⬅
上司や他部門にも情報が行き渡り、協力を得られる
⬅
中間管理職である、あなた自身の負担が減る
⬅
チームで成果を上げられる
⬅
余裕のできたあなたが、より大きな仕事に着手できる

このような好循環を生み出すために、まずは、何はともあれ、管理職になったその日から、ぜひとも「成果を出すためのビジネスコミュニケーション」を日常業務として組み込んでいただきたいのです。

## ●プレイングマネジャーの仕事に不可欠なインフラ作りをはじめましょう

急がば回れです。

後述しますが、ほんの5秒のコミュニケーションを日常化することで、チームの空気が循環し、仕事面でも大きく改善することがあります。

コミュニケーション力を磨くことは、**仕事力を鍛えるためのインフラ作りでもある**のです。

あなたひとりが抱え込む前に、ひとつでもいいので、本書で取り上げたビジネスコミュニケーションの具体的なアイデアを実践していただきたいと思います。

プレイングマネジャーのコミュニケーションとは、「人づき合いのスキル」ではありません。人を動かして結果を出せる人間になるための「業務志向型コミュニケーション」です。そう考えれば、コミュニケーションとは個人生来の性質云々は関係なく、他業務同様に仕事を回していくためのスキルのひとつであり、皆さんが日ごろ腐心されている効率化や仕組み化のノウハウを活かして磨いていけるものなのです。

また、プレイングマネジャーの仕事が「上司と部下の板ばさみ&自分の仕事もある損な役割」という人もいますが、それが損か得かは、考え方ひとつです。

仕事の本質のひとつが「人との関わり」であるならば、プレイングマネジャー時代ほど人にまみれる時期もないでしょう。すなわち、サラリーマンとして一皮むけたいのであれば、「人を動かして成果を出せる人」になる必要があり、その点において、プレイングマネジャー時代というのは、欠かせないマイルストンだということになります。

私はマイクロソフト時代、2回社長賞をいただいたのですが、1回目は個人賞、そして2回目はチーム賞でした。振り返ると、断然2回目のチーム賞のほうが大きい喜びがありました。なぜならそれは、メンバーのハードワークに対する感謝の気持ちを「社長賞」という最上の形で表すことができたからです。

メンバー一人ひとりが嬉しげにそしてちょっと誇らしげに、社長から賞を受け取っている姿は、私のサラリーマン時代最高の思い出ですが、同時に、我々を社長賞に推してくれた上司たちの我々に対する「ねぎらい」の気持ちに、心から、強く感謝したのでした。

かつて私がそうだったように、多忙を極める中間管理職の方々が、本書を通じてコミュニケーションの重要性と真っ向から向き合い、部下との関係やチームワーク、さらには自分の業務との折り合い等に関する諸問題や悩みを「コミュニケーション」という「仕事力のインフラ」を用いて、悩みを一つでも解決し、**人を動かして成果を出していただけるようになること。そしてプレイングマネジャーの仕事に面白さを見出していただくこと**ができれば、著者としてこれ以上の喜びはありません。

では、本題に入っていきましょう！

## PART 1　気が弱い人ほど「課長業《プレイングマネジャー》」はうまくいく！

PART 2

# 5秒でできるコミュニケーション!「初期投資ゼロ」の即効フレーズ

PART 3

# コミュニケーションを仕組み化する

PART 4

# クセモノ＆苦手な人対策「問題解決コミュニケーション」

PART 5

## プレイングマネジャーのためのトラブル時のＦＡＱ

# PART 1

# 気が弱い人ほど「課長業《プレイングマネジャー》」はうまくいく！

本書をより効果的に読んでいただくために——。

Part1ではまず、「**プレイングマネジャーとは何か**」を理解していただき、「**コミュニケーションにまつわる誤解**」を解いておきたいと思います。

プレイングマネジャーは、カリスマ的リーダーである必要はありません。**すべての部下が憧れるような天才的スキルは、むしろ邪魔**になります。

これからの時代に求められるのは、一人の天才よりチームで成果を最大化できるためのマネジャーです。そこで発揮されるべきは、リーダーシップの指導力ではなく、**チームをまとめるハブ型のマネジャーシップ。**私がマネジャー職を務められたのも、ネットワークのハブのような調整力とそれを支えたコミュニケーション力に活路を見出したからでした。

指示よりフォローが上手で、聞く力がある。コミュニケーション力は、おとなしい草食系のプレイングマネジャーのほうが身につけやすいと自信を持っていいと思います。

かつて理想の上司とされたカリスマ的指導力の持ち主が「ライオン型マネジャー」なら、これからの時代、チームで成果を上げることができるコミュニケーション力の持ち主は「**シマウマ型マネジャー**」なのです。

また、プレイングマネジャーの仕事を「**上司と部下の板ばさみ&自分の仕事もある損な役割**」ととらえるのは、いささか短絡的に過ぎるものの見方です。

組織の中で成長していくために必ず経験すべきプロセス、それがプレイングマネジャー。**仕事力のインフラとも言うべきコミュニケーション力を磨くチャンス**だととらえて、存分に自分を磨いていきましょう。

そのような重要なビジネススキルであるにもかかわらず、コミュニケーション力については、どうやら誤解があるようです。「社交的で**人づき合いのうまい人**がやればいい」「時間がないと身につかない」といったものです。「**単なる潤滑油で、仕事の本題とは関係ない**」

結論から言うと、すべては思い違いです。**本書でお伝えするコミュニケーションスキルは、人づき合いのスキルではありません。**性格やメンタルな問題とも関係ない、仕事の結果を出すための「**ビジネススキル**」です。

技術である以上、誰でも身につけることができますし、他の業務と同様にタスクとして**仕組み化**してしまえば、マスターするのにさほど時間はかかりません。

では、具体的に説明していきましょう。

## 01 やりたくない・自信がない・やる気がない。"3ない上司"ほどマネジャーの素質あり

「自分には指導力なんてない。チームを引っ張っていく？　部下を厳しく叱る？　そんなことができるのだろうか……」

初めて管理職と呼ばれる立場になったときの、私の感想です。

もちろん、自分の仕事が評価され、認められたのは、ありがたくも嬉しいことでした。

しかし「管理職の仕事」は、これまでやってきた仕事とは違います。

一担当であれば、与えられた仕事に対し、自分一人で成果を出すことが基本。上司の指導のもと、チームで協力し合ったりはしますが、業務達成のために気を配るのは、極論すれば自分のパフォーマンスとクライアントからの評価だけです。

管理職になれば話は別です。

①部下を育てながら（人事権があればなおさら）、

②部門もしくはチームの業務目標を達成する、

このように、新たな、しかも大きい責任が2つも加わるのが管理職の仕事。やる気のない部下や、年上の部下もいるかもしれない。しかも部門目標に実質的に携わるようになれば、

自分の責任は組織の業績にも直結してきます。

かといって、部下が契約を取ってくるのをデスクで待っていればよいわけではありません。管理職のかたわら、引き続き「一担当」としての自分の仕事も抱える、すなわちプレイングマネジャーになったわけです。

プレイングマネジャーということは、部下だけではなく自らの上司もいます。つまり、部下と上司の間で、彼らの情報や意思を双方向で伝達するという重要な役目も担うことになります。

辞令を受けたとたん、そんな**「業績を上げて部下の面倒も見るプレイングマネジャーの苦悩」が脳裏をよぎりました。**

自分はカリスマキャラクターでもなければ自信家でもない。むしろ他人の評価が気になるタイプで、相手を言い負かしたり、怒鳴ったりするのも大の苦手。そんな性質ですから、当時「管理職」という役割は、自分にはとても荷が重いものに感じられました。

ところが、この「自信がなく、周りに気を使っている」という、自分では情けなく思える性質が、実は**中間管理職の〝マネジャー力〟を培う「種」だったのです。**

自分に絶対の自信があるマネジャーは、たとえて言うならライオンタイプです。絶対的なリーダーシップを持つライオンタイプであれば、彼らの〝鶴の一声〟に、部下が自然とついていく。

しかし今振り返れば、こういったタイプの人はむしろマネジャーよりもリーダーとしての資質に優れた人だったのです(実際、どんどん昇進していく人もいました)。

私がインスパイアされた酒井穣氏の『はじめての課長の教科書』にも次のような一文がありました。

「優れたマネジャーであっても、優れたリーダーであるとは限らず、また逆に優れたリーダーが必ずしも優れたマネジャーというわけではありません」。

課長や係長といった中間管理職が組織内で機能してきた日本企業。平成不況時に導入された成果主義に見直しが入り、リーマンショックで人員リソースをギリギリで回さざるを得ない現況下では、結局、「一人のカリスマより、今のチームで成果を最大化」せざるを得ません。

したがって今もっとも必要とされているのは、自分の業務をこなしながらも、管理職として部下のモチベーションを保ち、チームとして成果を上げられる人材ではないでしょうか。つまり、草原を見渡し、仲間の動向を気にするシマウマのごとく、群れの中で仲間とうまくやっていける、調整力とコミュニケーション力の高い「シマウマ型プレイングマネジャー」。そこで必要となるのは、リーダーシップではなくマネジャーシップなのです。

## 気弱で自信がないシマウマ型上司こそ、これからの時代のマネジャーである

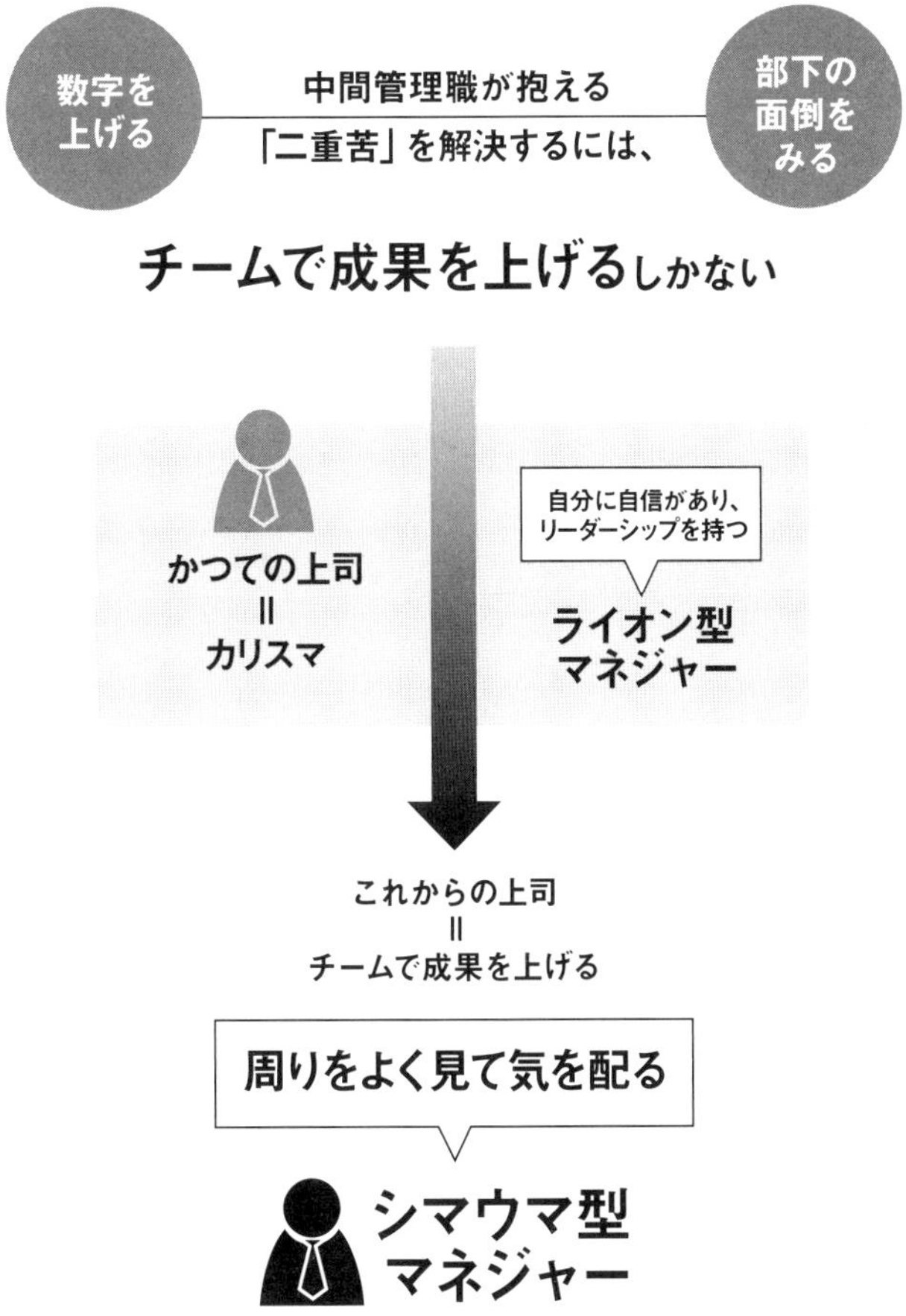

数字を上げる
中間管理職が抱える
「二重苦」を解決するには、
部下の面倒をみる
チームで成果を上げるしかない
かつての上司
=
カリスマ
自分に自信があり、リーダーシップを持つ
ライオン型マネジャー
これからの上司
=
チームで成果を上げる
周りをよく見て気を配る
シマウマ型マネジャー

## 02 持つべきは、引っ張るリーダーシップよりも、“回す”マネージャーシップ

「上司とは部下に対し、指導よりフォローに注力すべき」というのが私の持論です。

すさまじい成果を上げるとき、人はたいてい自発的に働いています。自身の経験からいっても、上から命じられて大型契約を取る人より、自分のやる気で奇跡の受注を果たす人のほうが多いと実感しています。

こうした観点で見ていくと、シマウマ型マネジャーには、上司としての特性がたくさんあることがわかります。

たとえばアカデミックな世界において「天才」と呼ばれる人は、方法論なしに瞬時に難問を理解できてしまうので教師に向かないといわれています。スポーツの世界でも、身体能力がずば抜けた超一流選手より努力型の選手のほうが優れたコーチになるそうです。

ビジネスの世界でも、まったく同じことがいえます。

ライオン型マネジャーには部下を引っ張っていく力がありますが、部下のモチベーションを維持しながら、スキルをつけさせていくことに関しては、シマウマ型マネジャーのほうが長じ

ているといえるでしょう。なぜなら、ライオン型マネジャーは自身が優秀であるがゆえに、失敗する部下を理解することが難しいからです。優秀な上司が部下にとってはプレッシャー、そんなリスクも含んでいます。

一方、シマウマ型マネジャーは、部下を引っ張るリーダーシップには欠けるかもしれませんが、その代わりに、かつて自分が平凡だったからこそ犯した失敗、天才でないからこそ重ねた試行錯誤から培った学びがあります。部下が今つまずいているのと同じ失敗を経験してきたからこそ、部下の立場に立ち、適切なアドバイスができるということです。

私たちは仕事に取り組む中で直面する経験を通して多くを学びます。**つまり部下が失敗したとき、自らの失敗経験を活かして適切な「フォロー」ができる上司のほうが、結果的に部下の成長を促すことができるのです。**

冒頭で紹介した私の持論は、ここから生まれたのです。

部下をフォローする際に重要になってくるのが、「**観察力**」です。部下が今どんな仕事をし、どんなことで悩んでいるかを見抜けるスキルというのは、価値観やコミュニケーション作法が異なる世代の部下と対峙《たいじ》する際に、今後もっとも求められる資質になるように思います。

この点についても、ライオン型マネジャーはいささか不利になります。彼らが有能であればあるほど、それが部下にとってプレッシャーとなっているとしたら……。悩みを打ち明けたり、困っている態度を見せることは、部下にとって「評価を下げられる」という恐怖に近いものがあるのではないでしょうか。つまり、マネジャーがいくら観察したくとも、なかなか本音が見えにくいというハンデを背負うことになるのです。

一方、シマウマ型マネジャーは、自身の経験から部下の「問題発生！」のサインをいち早くキャッチできます。ライオンのような鋭い爪や牙を持たないシマウマにとっては、草原の情報が最大の武器。自分に自信がないぶん、情報収集が何よりも重要になってくるので、自然と「観察力」が磨かれるように思います。

さらに、プレイングマネジャーとして現場で働いてもいるわけですから、いまだ失敗についても「現役」。自分の失敗を踏まえて部下の悩みを聞くことで、適切なフォローをすることができるでしょう。

失敗経験を共有することで部下から「共感」を得ること、「部下との信頼関係を築くこと」にもつながります。「完璧ではない、ありのままの自分」を見せるという誠実さは、むしろ信頼を築く第一歩になると私は感じています。

草食系のシマウマ型でも立派にプレイングマネジャーは務まる、いや、むしろ適性が高いことが、おわかりいただけたと思います。

# 03 プレイングマネジャー経験は、自己成長の〝ステージ2〟

「マイペースで働きたいから、できれば管理職はやりたくない」

私のセミナーの参加者から時折耳にする発言です。

「全部自分でできたら、どんなにラクだろう」

昔の私もそう感じたことがありますから、気持ちはよくわかります。私の話を聞いて、セミナー参加者の皆さんは「シマウマ型のほうが上司の適性があること」を理解してくれますが、その上で「仮に自分に適性があったとしても、出世に特に興味はないし」という反応が返ってくるのです。

管理職になったからといってそれがイコール、出世ゲームに巻き込まれるということではありません。むしろ、ある程度現場経験を重ねていけば、時期の差こそあれ、たいていの人はいわゆるプレイングマネジャー相当の役職はいずれ拝命することになります。

なぜなら、あなたが組織で働き続けている限り、そしてそれなりの実績を出し続けている限り、与えられる仕事の量も質も上がっていくのは自然の流れ。つまり、「自分一人だけで回せる仕事」は遅かれ早かれ終焉《しゅうえん》を迎えるのです。そして、「他人を通じて、与えられた業務責任を果たす」という仕事がやってきます。

そう考えると、管理をしたいしたくないという議論の前に、プレイングマネジャーとは、自分自身がビジネスパーソンとして、次のステージに上るためのプロセスのひとつだといえるのではないでしょうか。出世する、しないに関係なく、プレイングマネジャーの経験を通じて、ワンランク大きな仕事にチャレンジする「ステージ2」のカードをもらえたということではないでしょうか。

逆の言い方をすると、何でも自分で全部やりたいという人、他人を信用できず「すべて自分が抱えていないと気がすまない」人は、個としては優秀なのに伸び悩んでしまう人です。

頭の回転が速いし、数字にも強いし、ミスも少ない。残業もいとわないがんばりもある。しかし「人に動いてもらって成果を出す」という意識が欠落しているのです。

ある程度は自分一人のがんばりで乗り切れても、仕事のスケールが大きくなるにつれ、個人でこなせるレベルの業務ではなくなります。それでも「私がやらなければ、部下には任せられない」と抱え込んでしまうのです。

そして、それは相手にも伝わりますから、部下やメンバーとの関係もスムーズに運ばず、結果として大きな仕事ができなくなります。

こうなると「優秀だけれど、周りがついてこれない人」となり、当の本人も「誰も自分を認

## プレイングマネジャー経験は、組織の中で成長するためのプロセス

**優秀なプレーヤーの進む道**

**01 スペシャリストもしくは独立の道**

経営者
トップセールスなど
生涯現役プレーヤー

**02 管理職になってから伸び悩む道**

何でも一人でやってしまう
優秀だが、部下がついてこれない

**03 人の力を集めて大きな仕事をし、自分も成長する道**

**人を動かして成果を出す**
**チームで大きな課題に取り組む**

**プレイングマネジャー**とは、**ビジネスパーソン**として**成長**するために、**欠かせないプロセス**である！

めてくれない」と報われない思いを抱えることになります。

アーティストや一部の専門職であれば、個の能力の徹底追求が最重要課題かもしれません。しかし、組織における優秀な人とは「人を動かして成果を出せる人」です。その意味においても、プレイングマネジャーして働くことは、自分が第三者の力を借りて成長するための貴重なレッスンの時期であり、不可欠のプロセスということをご理解いただけると思います。

そして、一度このプロセスを経験しておけば、他部署に異動したり、まったく違う業種の仕事に転職したとしても、すぐに現場で通用するはず。なぜなら第三者の力を借りて、業務を遂行する力が備わったマネジャーのあなたに求められているのは、専門知識ではなく第三者とスムーズに仕事をする力だからです。

万が一、組織を離れて独立することになったとしても、あなたがビジネスを通じて人と関わり続ける限り、プレイングマネジャーとして経験した「人と仕事をする力」は不可欠な要素となるでしょう。

## 04 コミュニケーションは、結果を出すためのビジネススキルである

先日、立ち寄ったカフェで、スーツ姿の男性二人の隣に座ったときのことです。

「技術だけできる、営業だけできるでは、もうこれからは通用しないんですよ。やっぱりコミュニケーションがとれなければ、ある程度上の立場になると厳しいですね」

ため息をつきながら真剣に語るその姿が、いまだ脳裏によみがえります。

前述の『ビジネスコミュニケーション白書２０１０』にもあったとおり、**10人のうち9人が組織内コミュニケーションの重要性を感じているにもかかわらず、10人のうち7人は現状に満足していない。**これが現実です。

業務量の増加、ＩＴ導入に伴う対面コミュニケーションスキルの低下、世代間ギャップなど……。組織内コミュニケーションの改善を阻《はば》む要因は深刻です。カフェにいた男性二人の姿はそれを象徴しているように思えました。

お気づきのとおり、コミュニケーションとは仕事における〝電力〟や〝水力〟のようなもの。すなわち**業種や職種、ポジションを問わない「仕事力のインフラ」**といえるでしょう。

また、コミュニケーションは「潤滑油」とも表現されます。仕事とは上司、部下、同僚、クラ

イアントなど、多くの人々と協働して成果を目指すこと。この点において、仕事で関わる人々とお互いに理解し合い、相互信頼を高めて業務を回していくための潤滑油とは、まさに〝血液〞のようなものだともいえるでしょう。

となると、「コミュニケーション力が高いほうがいいのはわかるけれど、あくまで人づき合いためのスキルであり、ビジネスとは関係ない」というのは、「仕事とは人との関わりである」という本質を見落とした認識だと私は考えます。

利害の異なる他部署の人間といかに円滑にプロジェクトを回すか、年上の部下といかにチームワークを築くか、トラブルをいかに部下にとって学びの場につなげるか。これら、自分に与えられた業務責任を果たすために必須の技術がコミュニケーションであり、本書でお伝えするコミュニケーション力とは、いわゆる「人づき合いのスキル」とはまったく別物なのです。

私が見たところ、仕事ができる人でコミュニケーション下手な人はいません。そして、できるマネジャーはたいてい、コミュニケーションの名人です。

コミュニケーションを意識的に活用する中で、使えるコミュニケーションを編み出し、習慣化し、「業務のひとつ」として採り入れる。できるマネジャーはこれができています。

ここでいうコミュニケーションとは、部下をちゃんづけで呼んだり、一緒に飲みに行き、プライベートまで踏み込んでつき合う――こうした〝人づき合い〟とは異なるものです。部下や上司と個人的に親しくすることは間違いではないかもしれませんが、本著でコミュニケーションの重要性を説くのは、**あくまで業務責任を果たすためです。**

私自身、仕事中であれば部下にとことんつき合いますが、プライベートの時間まで踏み込もうとは思いません。相談されない限り、部下の私生活には立ち入りませんし、相手が年下でも、ビジネスパートナーとしての言葉遣い、態度を崩さないよう心がけていました。

もちろん、かつての同僚や部下の中には、今でもよいつき合いが続いている大切な「友人」はいますが、それはあくまで結果的なこと。仕事の現場で尊敬できる関係を築けたからこそ、その人への尊敬へとつながり、自然とプライベートでも懇意になっていったのです。

**プレイングマネジャーが業務目標に向かって、周囲の力を借りて結果を出すためには、親しさよりもビジネス上の信頼が築くことが大切になってきます。**その際にコミュニケーションが果たす力を、ぜひマスターしていただきたいと思います。

05

# コミュニケーションは、たった5秒あれば改善できる

「コミュニケーションは大切だし、必要なのはわかるけれど、時間がない」

セミナーや講演会で、業務多忙に苦しむプレイングマネジャーからよく聞く言葉です。『日本の中間管理職白書2009』でも、部署の管理の上で問題になっていたのは、「業務量の負荷が大きい（37・1％）」と「時間的な余裕がない（32・8％）」でした。

また、「部下が何を考えているのかわからない」と訴える30〜40代、一方「上司との接点がうまく見つけられない」と悩む20代。デジタルデバイスがコミュニケーションツールとして定着し、それをよしとする若者世代と、対人コミュニケーションを重要視する管理世代。異なる価値観を持つ世代間ギャップも、コミュニケーションを難しいものにしています。

しかし、これらを「問題だ」と実感しているのにもかかわらず、コミュニケーション力を高めることについては、どういうわけか手つかずのまま放置されているようです。

その原因はどうやら、コミュニケーション力とはそもそも個人生来の性質に基づく特殊能力のようなものだという認識が、無意識に働いているからのように思えます。

もちろん、対人コミュニケーションに苦手意識を持つ方もいると思います。コミュニケーショ

ンの達人といわれる域に達するには多少時間がかかりますが、得手不得手を意識することなく、たった**5秒のひとことで効果があるコミュニケーション**というのは無数にあります。その5秒のコミュニケーションをひとつ、またひとつ積み上げることで実感できるコミュニケーションの効果。それは業務遂行力が身につく実感であり、あなたのプレイングマネジャーとしての仕事力向上の実感なのです。

さっそくPart2で、その5秒の**キラーフレーズ**を紹介します。これらはすべて私が仕事の現場で実践していたものです。

気まずそうに私の席を訪れた部下に、「良い話？　悪い話？」と聞く**たった5秒が、部下との関係を好転させるきっかけとなります。**

この5秒を積み重ねてコミュニケーション力を磨くことで、与えられた業務目標を部下やメンバーとともに達成することができる、時には部下が思わぬ成果をもたらしてくれるようになるかもしれません。「自分の業務で手いっぱい」という状況は緩和され、部下との関係やチームワークにリソースを注ぐ余裕が生まれます。そうなると、さらに部下が成果を生み出す――というように、プラスの循環を生み出すことも不可能ではありません。

今この瞬間からすぐに実践できる、しかも投資するのはたった5秒という時間だけです。**業務多忙に苦しむマネジャーの方であるほど、ぜひ試してみていただきたいと思います。**

# 06 コミュニケーションは、仕組み化できる

本書ではコミュニケーションを「仕事力向上のための技術」と位置づけていますが、そのために、以下の3点をマスターしておきたいと考えます。

**①すぐに使えるメソッドを繰り返して、コミュニケーションに慣れる**
**②有効だったコミュニケーションを仕組み化する**
**③コミュニケーションをタスクとして可視化し、日常業務に取り入れる**

最終的に目指したいことは、「コミュニケーションの仕組み化」です。日々の業務の一環としてコミュニケーションをタスク化してしまえば、日常業務にコミュニケーションを活用することがあたりまえの習慣になります。

**・部下のトラブルを察知するために、どんな言葉をいつかければいいのか？**
**・苦手な人とも一緒にチームとして成果を出す方法とは？**
**・チーム全員で情報を共有し、必要な議論をおこなえるようにする秘訣とは？**
**・自分の業務と部下のフォローやケアを両立させるためには？**

こうした「人」にまつわる重要課題を、コミュニケーション活用で解決すること。それをある程度パターン化させて、日常業務の中に自然と取り入れられるようになれば、コミュニケーションの仕組み化が回り始めたといえます。

仕組み化のためには、コミュニケーションのスケジューリングがキーとなります。私はメールソフトの予定管理機能や手帳をフル活用してスケジュール管理をしていますが、プレイングマネジャーとして多忙を極めていた頃は、自分の予定のみならず、部下とのコミュニケーション計画や部下自身のスケジュールまで書き込んでいました。

コミュニケーションを「人づき合い」のみととらえていると、スケジューリングなど思いも及ばないかもしれません。

いつ何時でも、心を込めたコミュニケーションをおこなうために、ビジネスライクな仕組みを作っておくという感覚です。

たとえて言うなら、料理をするとき皮むきといった下ごしらえは便利な道具で合理化し、余った時間でていねいに味つけをする、あるいは家族とゆっくり食事をとる時間を増やすといったイメージです。

先に述べたとおり、コミュニケーションは仕事に必要不可欠なスキル。ましてや相手は人間。だからこそ、思いつきや気まぐれでおこなうべきものではありません。相手の状況を見ながら、ていねいに取り組むことが必要で、だからこそ仕組み化することが有効なのです。

もちろん、相手が人である以上、100%計画どおりに実行することはできないかもしれません。しかし、80%でも仕組み化が実行できるようになれば、業務におけるコミュニケーションの活用は、大きく進歩したといえます。

仕組み化の具体的な手順については、Part3で詳しく述べたいと思います。

コミュニケーションは仕組み化できる

**コミュニケーションは、判断力や行動力と同様
仕事に不可欠なスキル**

↓

思いつきは×
計画的＆習慣化が大事！

**「人に成果を出してもらう」のが
プレイングマネジャーの仕事**

↓

そのためにすべきコミュニケーション行動を、
自分の業務として組み込む

**だから「仕組み化」が大事!!**

# 07 最強のコミュニケーション・ツール①

# 話しかけられ上手→引き出し上手

最強のコミュニケーション・ツール①は、引き出し力です。

コミュニケーションを勉強している方であれば、コミュニケーションとは「話すこと」より、まず「聞くこと」が大事だということをご存じだと思います。

先日、糸井重里さんの「ほぼ日刊イトイ新聞―ダーリンコラム」で『聞くは、最高の仕事』という記事がアップされていました。

「（中略）人っていうのは、「聞く」人に向かって話すからね。こいつは「聞く」な、と思えば、その人のために、どんなことでも話すようになる。（中略）聞かれるだけで、相手はこころ開いていく。聞いているものがいるだけで、相手はうれしいものだ。それは、ずいぶん大きな仕事だと思わないか」

聞くことに徹することで、相手が何でも話してくれるようになる。これが「引き出し力」です。「引き出し力」があれば、相手を知るヒントとなる情報がどんどん集まります。

しかし、本コラムから読み取るべきポイントは、相手に「こころを開いて」もらうためには、あなた、つまり「聞く側」が相手に信頼されていなければならないということ。この点については、昨年ベストセラーとなったエドガー・H・シャイン著『人を助けるとはどういうことか』を参考としたいのですが、ここでは「他人を信じる」ための2つのポイントを紹介します。

「①その人間との関係の中で、自分がどんな価値を主張しても、理解され、受け入れてもらえること

②相手が自分を利用したり、打ち明けた情報を自分の不利になるように用いたりしないと思うこと」

このように相手から信頼される「聞き方」ができるようになれば、「引き出し力」を身につけることができたといえますが、ここでは「引き出し力」の第一歩として、**まずは「話しかけられ上手」になることを、心がけていただきたいと思います。**

「さあ、今日は何でも言って！」と強引に呼び出されて、果たして部下は「こころを開いて」くれるでしょうか。自ら誘うのではなく、こちらが黙っていても相手から「話したい」と来てもらえるよう、そのために日頃から「いつでも話に来ていいよ」という雰囲気を演出しておくということです。

そのためには、**いつも余裕なくあせっていたり、目の前の自分の仕事に追われているといったそぶりは禁物。**だからこそ改めて日常の5秒のコミュニケーションや、「仕組み化」が重要なのです。

また、目を大きく見開いて「えぇ〜！」と目でリアクションをとるなど、聞き上手には実にさまざまなテクニックがあります。本書では、私自身が実践していた方法を、Part2の即効フレーズで紹介していますので、ぜひ参考にしてください。また、澤村直樹著『〃聞き上手〃の法則 人間関係を良くする15のコツ』のような専門書もありますので、ご興味のある方はこちらも参考にしていただければと思います。

相手から話したいと思ってもらえるようになればしめたものです。「引き出し力」が身についたということは、共に働く人々と信頼関係を持って仕事に取り組めるようになったことのひとつの証でもあるのです。

# 08 最強のコミュニケーション・ツール② 観察力

前項で引き出し力を身につけるには、日頃から「いつでも話に来ていいよ」という雰囲気を醸し出すこと、そして相手から「話したい」と思わせる「話しかけられ上手」になる必要があると説明しました。

さらに自分から相手の情報を取りに行き、それを武器にここぞというタイミングで「最近どう？」と声をかけることができれば、相手から「ちょうど、ご相談したいと思っていたんです！」とか「実は……」とこれまた「話しかけられ上手」な人になることができます。

つまり、情報収集も大切なコミュニケーションの一手段であり、**それが「観察するコミュニケーション」です。**

たとえば、人の電話。決して盗み聞きするつもりはなくても、秘密の会話ではないのですから、同じオフィスにいれば自然に耳に入ってきます。それとなく聞いていれば、部下や上司が現在どのような仕事をしていて、どのような状況にあるかは、だいたい把握できるものです。

もし部下がクライアントとの間にトラブルを抱えているように見受けられたなら、**「さっきの電話、大変そうだったね」**と一声かけることで、いち早く部下からトラブル発生の報告を受けることができます。

「部下からあまり報告もないが、自分から進捗状況を聞き出すのも苦手……」

そんな気弱なシマウマ型マネジャーであっても、部下のスケジュールを把握しておくだけで部下の様子がわかるという観察コミュニケーションもあります。

たとえば、「最近はいつも仲のいいA社ばかり訪問して、重点新規のB社に顔を出している様子がない」ということがつかめれば、部下のモチベーション低下に気づくことができるかもしれません。一見、まめに営業に回っているように見えるけれども、実は何らかの理由で仕事に身が入らず、新規の受注に結びついていないといった問題が、そこから見えてくるかもしれないのです。

このように、観察力を駆使して相手を知ることも、コミュニケーションの一手段。相手が話しかけてきたときに適切なリアクションをとれるのは、日頃の観察があってこそです。

観察コミュニケーションという下ごしらえがあるからこそ、「引き出し力」もさらに冴えてくるのです。

# 09 最強のコミュニケーション・ツール③ ハブ力

ハブとはITネットワーク機器の名称です。PCやプリンターなど各機器に接続されたケーブルがいったんハブに接続され、ハブを介して相互に通信するという役割を果たしています。

**私はこのハブの機能が、プレイングマネジャーの本質的役割に近いと思っています。**

したがってここでは「ハブ力」と称していますが、この役割を全うするためにコミュニケーションが果たす役割は大変大きいものがあります。

そもそもプレイングマネジャーがなぜハブなのか、これは前述の『課長の教科書』で紹介されている、「課長の大きな役割のひとつに『異なる価値観を持つ世代間の通訳』となることが挙げられています」という一文。さらには、一橋大学の野中郁次郎教授が提唱している「ミドル・アップダウン」という中間管理職の定義に着想を得ています。

プレイングマネジャーには、大きく分けて2つのハブ的役割があると私は考えています。

今の20代は、物心つく頃にはPCや携帯がすでに存在していた世代。メールでコミュニケーションがあたりまえの環境で育ってきました。

一方、上司の世代は、「大切なことをメールで伝える」というのに、まだまだ抵抗があります。顔を合わせなくても仕事ができるというスタイルに違和感を覚えることもあります。

そして、プレイングマネジャーは、「双方のコミュニケーションが理解できる」世代。

携帯やメールを使ったやりとりにも抵抗はありませんし、一方、子どもの頃にはご近所が面倒を見てくれるといった人間関係も存在していたため、上司が好む対人コミュニケーションもよく理解できます。

双方の異なる価値観を理解できるので、いったん自分のところで双方の主張や意見を集約。それをお互いの価値観に応じた表現に最適化した上で、伝え直すことができる調整能力が根本的にあります。

つまり、コミュニケーション力を駆使して、異なる価値観を「最適化」したものに通訳するのが、プレイングマネジャーに求められる、ハブ的役割です。

プレイングマネジャーとはその職責内容から、現場の仕事も持っていますし、予算や会社の重要決定事項などマネジメントに関わる機会にも接しています。つまり現場とマネジメント両方の情報が、常に自分のところに集まってくる。

たとえば、部下が抱えているトラブルなど、問題の芽が大きくならぬうちに摘んでおかねばならない情報、自分のチームに新たな売上予算が課される可能性がある経営会議など、集まってくるものはどれも重要な情報ばかりです。

これらもまた、適切な判断で部下や上司に再配分する必要がありますが、その際部下や上司に余分な動揺を与えぬよう、コミュニケーションには相応の配慮が求められます。

このように、プレイングマネジャーの役割は企業にとって非常に重要なものであることがおわかりいただけると思います。

「コミュニケーションの通訳なんてわずらわしい」と思うかもしれませんが、通訳の達人ともなれば、いろいろな人の相談役になれます。相談役になるとは信頼されること。また、ビジネスチャンスを含めたあらゆる情報が、一手に集まってくるということです。

このように「コミュニケーションの通訳」をポジティブにとらえると、ハブという自分の役割が「大変だけれどとても面白く、メリットも非常に大きなもの」に思えてくるのではないでしょうか。

## 最強のコミュニケーション・ツール④

# 根回し＋場回し

## 10

部下、上司、他部署のプレイングマネジャーと一緒に仕事を進めていく。こうした立ち位置のプレイングマネジャーの仕事だからこそ、コミュニケーションが不可欠となります。そしてコミュニケーションを活かすためには、同時にチーム自体の環境作りをすることも、プレイングマネジャーの仕事であるといえます。

そもそもコミュニケーションとは、「①相手をよく知り　②自分がまず動き　③場回しする」を整えることで初めて機能します（拙著『ワークライフ〝アンバランス〟の仕事力』の定義をアレンジしています）。①についてはPart2以降で後述します。ここでは「②自分がまず動く」と「③場回し」について、その概略を押さえることにしましょう。ちなみに「場回し」という言葉は、高橋学氏の『場回しの技術』からいただいています。

ここでお伝えしたい場回しとは、チームメンバーが自発的に動くための環境づくりです。日々更新される社内外の情報が素早くいきわたるようにすること。そして場回しをすることで情報を共有できる〝インフラ〟を整え、業務がより円滑に回るようにすることです。

他部署と一緒に取り組む社内プロジェクトを例にとって、プレイングマネジャーの場回しの手順を簡単に説明しておきましょう。

**ステップ① 根回し**

プロジェクトの成否を決めるのは、スタート前の根回しと言っても過言ではありません。利害関係はさまざまであっても、最終的には相手が納得して動いてくれるよう、関係部署のプレイングマネジャー間でプロジェクトのコンセンサスをとっておくことです。

**ステップ② 突破口になる**

実際にプロジェクトが動き始めたら、自分が最初の突破口になることが場回しの基本です。たとえば、各部署がそれぞれクライアントにプロジェクトの提案をするのであれば、先陣を切って自分が提案します。いわば「特攻隊」となることで、チームで動く空気を作ります。

**ステップ③ 情報を共有する**

先陣を切ったことでクライアントからリアクションがあったら、それを他部署にも共有します。「今回のプロジェクトについて提案したところ、私のクライアントからのリアクションはこういったものでした」と、動いたことで得た情報をシェアするのです。すると、他部署のプレイングマネジャーも「あそこの部署があれだけ動いているなら、ウチもそろそろやらないとまずいな」と動いてくれます。あるいは「クライアントからそういうリアクションがあるなら、ウチはこう動こう」と参考にしてくれれば、プロジェクトの精度と質も上がります。

**ステップ④　筋道をつけて場回し完了！**

真っ先に自分がやってみせたことで、場が回り始めると、メンバーも自然と動いてくれるようになります。頼むだけではなく、まず自分が行動して筋道をつけることが場回しのポイントです。

ステップ①～④の例は他部署を巻き込んでのプロジェクトですが、自分の部下に対しても同じように場を回していきます。たとえばセールスキャンペーンなどで、チーム全員が共通製品をそれぞれのクライアントに販売していくというときは、次のようになります。

**ステップ①**

「キャンペーン、よろしくね。今期の主要案件だから」と言って重要度の理解をうながし、

**チーム全員が同じ認識を持ってプロジェクトに取り組む土台を作る（＝根回し）。**

**ステップ②**

**「まず、私がやってみせるから見ていてね」と、自分のクライアント先に同行させ、アプローチ方法を体験してもらう（＝突破口）。**

**ステップ③**

**クライアントにアプローチした際のリアクションや、そこから考えついた戦略などを、シェアする。**

**ステップ④**

**アプローチ方法の筋道がついているので、後は自然とチーム全体が動いていく。**

根回しと場回しをセットにして動く習慣をつけると、プロジェクト実行のインフラが整います。そこにコミュニケーションという〝電力〟や〝水力〟が絶えず流れるようになれば、チームとしての成果が自然と上がっていきます。

## プレイングマネジャーがすべき「プロジェクト回し」の4ステップ

**（例）社内横断プロジェクトの場合**

**STEP 1 根回し**
関係部署の協力をとりつける（コンセンサスをとる）

↓

**STEP 2 突破口になる**
まず自分が先陣を切って突破口となる（クライアント訪問）

↓

**STEP 3 情報を共有する**
クライアントの反応等を、他部署とシェアする

↓

**STEP 4 筋道をつける**
アプローチ方法がわかれば、自然とチームメンバーが動き始める

**場回し完了！**

PART 2

# 5秒でできるコミュニケーション!「初期投資ゼロ」の即効フレーズ

Part1ではビジネスコミュニケーションの全体像を理解していただきました。

このPart2では、プレイングマネジャーが日常業務で直面しそうなシチュエーションで使える、たった5秒の組織内コミュニケーション実例をご紹介します。

ここで紹介するフレーズは、私自身がプレイングマネジャー時代に実際に使っていたものを集めたものです。

これらのセリフを目にして「たったこれだけのこと？」と思われる方も多いことでしょう。実際、日常会話として頻繁に使われるものも多いですし、5秒もかからないものもあります。

しかし、仕事におけるコミュニケーションとは、**「たまの名セリフ」よりも、日常会話の5秒の積み重ねのほうが後々効いてくるもの。**何より「話しかけられ上手」「聞き上手」になって、部下のほうから「話したい」と来てもらえるようにするためには、普段からのこまめなコミュニケーションが必要です。

Part2ではそのための即効フレーズを紹介します。目的は大きく分けると次の3点。いずれも人間関係よりも、**業務そのもの**に焦点を当てているのが特徴です。

**①モチベーションアップのコミュニケーション**
**②業務の円滑化を目指すコミュニケーション**
**③情報の流通を促すコミュニケーション**

なお、各項のタイトルには、セリフそのものに加え、サブにその目的を記載しました。

「『おはよう！』――あいさつは、部下からではなく上司から」といった具合です。

コミュニケーションとは十人十色。これらのセリフがそのまま使えない場合もあります。しかしそのような場合でも、裏に意図された目的を理解いただき、「自分オリジナルの即効フレーズ」を作り出していただきたいからです。

**1回わずか5秒のコミュニケーションの積み重ねから生まれる、相手への波及効果。** これらの効果が実感できれば成功です！　成功体験を積み重ねれば自信がつきます。するとますます積極的にコミュニケーションがとれるようになり、あなたを通じて、チーム全体のコミュニケーション活性化にもつなげることができるのです。

## 11 「おはよう！」——あいさつは、部下からではなく上司から

「おはようございます」が聞こえてこないチームに、コミュニケーションが機能しているチームはありません。

オフィスに入っていっても話し声ひとつなく無音。あるいは、カタカタとキーボードを叩く音だけが鳴り響いている……。これではチームの雰囲気が停滞してしまいます。

「たかがあいさつ」と思うかもしれません。あるいは、「今さら堅苦しい礼儀作法を説きたいのか？」と感じる人もいるかもしれません。

しかしここで問題にしたいのはマナーではなく、コミュニケーション不全の問題です。「おはようございます」すらお互い言えないチームに、それ以上のコミュニケーションが望めるでしょうか。

そんな事態を回避するためにプレイングマネジャーがすべきこと、それはあなたのほうから「おはよう！」とあいさつをして、オフィス内の雰囲気を活性化させることです。

役職がついたり、相手が後輩だったりすると、人はつい〝待って〟しまいます。偉ぶる気持ちがなくても、「部下から『おはようございます』と言ってくるべきだろう」という意識を持っ

てしまうのが、上司になった人の普通の反応です。

しかし、それはあくまでマナーの問題。「上司として、コミュニケーションがスムーズにいくよう、朝からチームの空気を温める」のが自分の仕事だと思えば、自らあいさつすることに何のためらいもないはずです。しかも、シマウマ型上司としては「部下があいさつしてくれない」と落ち込むくらいなら、自らの「おはよう！」を仕組み化してしまったほうが、精神的にもラクです。

特にあいさつに慣れていない新入社員や、「チームの困ったちゃん」というような人には、「おはよう！」と言ってから顔をのぞき込んでみてください。その際の部下からのリアクションが「おはようございます！」なのか「……おはようございます……」なのかで、彼らのコンディションを把握することもできます。

トラブルを抱えていそうな部下であれば、「おはよう！」に続けて「調子はどう？」「順調？」と心を込めてつけ加えるだけで、「あなたのことを気にしていますよ、問題があればいつでも相談に乗る用意があります」というメッセージが伝わります。

# 12 「最近どう？」——部下に「いつでも話に来てくれていいよ」という〝空気〟を作る

プレイングマネジャーの仕事は一人二役——つまり、上司でもあり、部下でもあるという立場です。

当然、部下のマネジメントだけでなく、自分自身も現場仕事を抱えています。しかも部下を持つくらいの実力があるわけですから、現場仕事もそれなりに責任があって忙しい。

そのような状況のとき、ついプレイングマネジャーは「現場仕事を持つチームの一員」という意識に傾いてしまいがちです。

しかしここで気をつけなければならないことがあります。

それは「プレイングマネジャー自身はいくら自分をチームの〝一員〟だと思っていても、部下たちにとって常にあなたは〝上司〟である」ということです。

わかりやすい例を挙げてみましょう。

入社2年目の若手部下が、「すみません、ご相談があります」とあなたに声をかけたとします。

しかし、自分の仕事で忙しいあなたは「悪い、今ちょっと手が離せなくて」と断り、また話しかけてくるだろうと、ほうっておきます。

しかしこれを若い部下の立場から見れば、忙しそうで話しかけづらい〝上司〟だけれど、タイミングを見計らって、ようやく話しかけたのです。

それにもかかわらず、あっさり拒絶もしくは無視されては、次に話しかけるのはいっそう難しくなります。直接の会話をあきらめ、「そっとメールでも出しておこう」となっても不思議ではありません。何よりも危険なのは、部下からのＳＯＳを放置することで、部下が抱えているトラブルを聞き逃すという、上司として一番重要な仕事をミスするリスクが高くなるということです。

したがって上司としての責任を果たすためにも、日常の中で、自分から部下に話しかける、**コミュニケーションの仕掛け**をする工夫が大切です。

**「最近どう？」**

これはあたりまえで平凡だけれど、有効な即効フレーズ。

**何気ない一瞬を逃さず「最近どう？」と投げかけることを心がけていると、「いつでも気にかけているし、いつでも話をしに来てくれていいのだ」という〝空気〟を醸成できます。**

そうすれば、あなたが自分の仕事に忙殺されていたとしても、「話しかけていいんだ」という勇気を部下は振り絞ることができるでしょう。

コミュニケーションで大事なのは「聞くこと」とはもはや常識ですが、前パートでも説明したとおり、**聞き上手になるためには「話しかけられ上手」になることです。**

「コミュニケーションには『一緒にいる→聴く→話す→調和する→創作する』という5つの段階がある」と岸秀光氏。著書『エンパワーメント・コミュニケーション』では、「日本人のコミュニケーションがうまくいないのは、第一段階の『空間の共有』が欠けているためです」と指摘しています。

「昨日も遅かったみたいだね」「なんか、忙しそうじゃない」といった、当たり障りはなくても、その点でも、わずか5秒でパッとかけられる言葉をいくつか持っておくだけで、部下のあなたに対する垣根は一気に低くなる（＝空間の共有）はずです。

日常の気軽な会話の中にこそ、コミュニケーション活用のツボがあるのです。

自分の仕事で忙しい上司ほど、
「話しかけられ上手」になるべき

「いつでも声かけていいんだ」という
空気を日頃から作っておく

# 13 「今はダメだけど、15時からなら5分とれるよ」──手が離せないときでも、「話を聞く用意はある」と伝える

プレイングマネジャーの最大の悩みは、時間がないことに尽きます。

「自分の仕事と同時並行で、部下の面倒も見るのはハードだ」

「部下のフォローが大変で、自分の仕事をする時間がない」

たいていのプレイングマネジャーはこのような悩みを抱えていますし、私自身も最初はそう思っていました。

しかし、「忙しいから、どちらか一方しかできない」ではなく、1日のスケジュールの中で、いかに両方の仕事をバランスよく織り交ぜるか。どちらかの仕事で忙殺されそうなときでも、もうひとつの仕事をどうフォローするかを同時に考える。

このように、脳内にふたつの仕事が常にある状態の〝マルチタスク脳〟をプレイングマネジャーは鍛えなければいけません。

もちろん現実には、忙しくて手が離せないこともあるでしょう。常に同時並行でこなすのが、物理的に不可能なときもあります。

そんなときのために用意しておきたい即効フレーズがこちらです。

## 「今はダメだけど、15時からなら5分とれるよ」

自分自身のことをちょっと思い出してみましょう。部下が上司を呼び止めて何かを話すというのは、必要に迫られてのことです。世間話がしたくて、わざわざ声をかけてくるような部下はほとんどいません。

それなのに「今、手が離せないから！」という一言でコミュニケーションを断ち切ってしまっては、部下は立ち往生してしまいます。もしかすると、あなたの決済がもらえないと、クライアントに届ける書類が間に合わなくなる……という状況でやきもきしているかもしれません。

だからといって、いつでも部下のために業務を中断していては、あなた自身のクライアントや関係者に迷惑がかかり、結果として、チーム全体にもマイナスの影響を及ぼします。

そこで「今はダメだけど」といったん断り、「15時から5分ならＯＫ」と代替案を具体的に提示するのです。**そうすれば、部下はあなたの「話を聞く用意がある」というサインを受け取り、安心します。**「上司がつかまるまで、お返事できません。いつつかまるかは、わかりません」などと、クライアントに困った言い訳をするような失態も回避できます。

**あなたが忙しいと同様に、部下も忙しいのです。**信頼関係を損なわないと同時に、お互いの時間を効率よく使う工夫も込められた言い回しを、覚えておきましょう。

# 14 「良い話？　悪い話？」
## ――悪い話を即座にキャッチできる、さりげないフレーズ――

「あの、田島さん……」

部下に声をかけられたらこの即効フレーズを返す。これが部下とのコミュニケーションにおける私のクセになっていました。

「何？　良い話？　悪い話？」

部下がためらいがちに言いよどめば、たいていが悪い話です。したがって声をかけられた時点で、どちらの話かはたいてい予想がついているのですが、それでもあえて「良い話？　悪い話？」と尋ねるのです。

部下はおそらく、悪い報告をしなければならないために、さまざまなシミュレーションを重ねていたことでしょう。プレッシャーも相当感じていることと思います。

「どうやって切り出そうか？」

「最初に謝ったほうがいいだろうか？」

このように追いつめられている部下には、まずこちらからストレートに「良い話？　悪い話？」と、いつもの口調でカラッと聞いてしまうことです（くれぐれも詰問《きつもん》調ではなく）。そうすると、部下は**「ああ、悪い話をしてもいいんだな」**と若干プレッシャーから解放されます。そして、ありのままに状況を報告できる精神状態になるはずです。

実際問題、上司への報告が、いつも「良い話」などということはありえません。むしろ「悪い話」が山とあるのがビジネスのリアルです。したがって、気がついたときには炎上していたという最悪の事態を避けるためにも、**悪い話ほどリアルタイムで伝わってくるよう**、上司は全力を尽くす必要があります。

特に新人や、ようやく一人で得意先回りを始めたような若手には、「働いていれば、失敗することはあたりまえ。だから、いかに迅速に失敗をリカバリーするかが重要」のメッセージを込めて、「良い話？　悪い話？」と語りかけながら、**「どっちもあっていいんだ」**ということを理解させてほしいと思います。

**悪い話は迅速に伝えることが大事ということを部下に理解させ、彼らが行動しやすくなるコミュニケーションを日常的にとれるようになる**ことが、プレイングマネジャーが仕事を全うできるか否かのキーになります。

## 15 「お客さまのことを一番知っているのは、あなただからね」

### ――部下に「自分が主役」だという自覚を持たせる――

できる限り部下に仕事を任せて、チームのパフォーマンスを底上げしたい――そのためには、どのように現場での仕事を通じて部下に力をつけてもらえばよいでしょうか。

いつまでも上司の指示がないと動けないのは困りますし、クライアントとトラブルが発生するたびに、「どうしましょう?」といつまでも頼ってくる部下ばかりだったら、プレイングマネジャーの仕事は増える一方です。

そもそもマネジャーになるとは、現場と距離ができるということ。自分が直接担当しない案件については、だんだん疎くなってくるのが普通です。にもかかわらず、何もかも上司である自分が解決しようとするのは、責任感ではなく自己過信ともいえます。

そこで、「トラブルが起きた、リカバリープランが必要だ」と、部下が相談の答えを私に求めに来たとき、私はよくこのフレーズを使いました。

「でも、お客さまのことを一番知っているのはあなただからね」

これはかつて、私自身が上司に言われたフレーズで、これにはハッとさせられました。たとえ自分が役職のないヒラ社員であろうと、クライアントにとって会社の顔となる担当者はあくまで自分であるという自負と責任感が芽生えたのです。

その上司は、部下のモチベーションを上げることに長けている人だったので、「お客さまに一番詳しい自分だからこそ、この問題を解決できるのだ。お客さまに一番近い自分が主役となってがんばらなくては」と、主体的に問題解決に臨む、やる気を持つこともできたのです。

ここから学んだ私は、さらに「もう少し論理的な説明が必要だな」というとき、部下に対して、このような言葉で伝えました。

**「答えを私に聞いてもいいけれど、私ができるのは汎用的判断。そのお客さまにとってのベスト、お客さまのためにカスタマイズされた答えは、お客さまのことを一番知っているあなたからしか出てこないんだよ」**

やる気があり、かつスキルが高い部下であれば、ここまで言えば必ず自分なりの答えとセットで相談をしてくるようになりますが、それもまだ難しい部下にはこう伝えましょう。

**「では、答えは私が判断するから、そのために必要なお客さまの情報を集めてきてほしい。あなただけが持っている情報があれば、より的確に判断できるから」**

これだけでも若手には顧客情報を集め、正確に伝えるというトレーニングになります。

部下に「自分が主役」だと認識させ、そこから**やる気と主体性を引き出すフレーズです。**

# 16

# 「どうしてお客さまはウンと言ってくれたの？」

## ――部下に手柄を披露させ、成功プロセスを評価する――

大きな受注がとれた、難関とされている新規顧客を開拓した――部下が「嬉しい報告」を持ってきてくれるのは、上司としても嬉しいものです。

「よくやった！」「すごいじゃない」「さすがだね」

こういったほめ言葉はもちろん必要ですが、部下にとってほめられるより嬉しいのは、自分の手柄を具体的に披露することです。そこで

「どうしてお客さまはウンと言ってくれたの？」

喜びと興味をまじえて上司から尋ねれば、部下は顧客との交渉を再現してみせるでしょう。〝結果〟は出ているので、ここは本人が努力や工夫を重ねた〝プロセス〟を評価してください。

「新製品のデモを今までは技術担当部署だけにおこなっていたのですが、今回は営業さんにも同じタイミングでやってみたんです。契約してもらったら、実際に売ってくださるのは営業さんですから」

こんな具合に、部下がどのような工夫をしたか、それに対して顧客がどう反応したか、最後の詰めにどんな言葉を添えたかなどを、話してもらいます。

そのときに「よくそこを見抜いたね」とか「確かに営業のDさん、早く情報知りたいって前からおっしゃっていたもんね」などと、具体的なあいづちを打つのです。

100のほめ言葉を浴びせるよりも、部下の心は達成感で満たされます。しかも部下自身は上司に報告することで業務プロセスが整理され、そこからノウハウを抽出するので再現性にもつながります。同じやり方で、今度は別の顧客にアプローチできるのです。

苦労の自覚なく、単なるラッキーで成功してしまった部下には、特に意識してこの即効フレーズを使いましょう。ラッキーから何かをノウハウとして定着させる意味でも、「どうしてお客さまはウンと言ってくれたの？」と尋ねて、失敗だけではなく、成功からも学べるよう、じっくりと本人に振り返ってもらうためです。

また、この儀式は伸び盛りの部下に高い課題を与えるときにも有効です。「来月から5％予算アップ」と新たな目標を申し渡す際、単にそれだけ告げては「無理難題を押しつけている」「自分ばかり働かされている」などとあらぬ誤解を招きます。

しかし、日頃から手柄を披露させる機会を設けておけば、「あなたは正しいプロセスで結果を出せているから、次なる目標にもチャレンジできるはず」と、ハードルを上げることの正当性の裏づけとして機能してくれるというわけです。

## 17 目をキラキラさせながら「うん、面白いね、それで?」
### ――あいづちで「引き出し力」をつける

仕事におけるコミュニケーションが「人間関係力ツール」ではなく、「業務目標を達成するためのビジネススキル」である以上、私たちはあらゆる手段で、コミュニケーションを使い倒す必要があります。

そこで使われる手段のひとつが「リアクション力」です。

前項で100のほめ言葉よりも、相手の心に響く言葉とあいづちを打つだけで部下の心が満たされると書きましたが、ここでは相手の心を満たすだけではなく、相手からの言葉を引き出すための即効フレーズを紹介しましょう。

俳優が素晴らしいセリフ回しもさることながら、黙って話を聞いているときの演技にエネルギーを注ぐがごとく、目をキラキラさせて、

「うん、面白いね、それで?」と言っていただきたいのです。これだけです。

目をキラキラさせるというのは比喩的な表現ですが、これは「あなたの話は、本当に興味深い。ぜひ、もっと聞かせてほしい」というメッセージを無言の演技で伝えようというもの

**です。前のめりの姿勢**などもこれにあたるでしょう。

単に漫然と相手の話を聞くだけでは「聞き上手」とは言われません。

気の利いた言葉とリアクションの効力、これを意識すれば聞き上手の中でも「引き出し力」という最大級のパワーを持つスキルが手に入ります。

私の見たところ、**「引き出し力」の持ち主は、あいづちがうまいようです。**自分はほとんど話さなくとも、「じっくり話を聞いている」という姿勢が相手に伝われば、コミュニケーションは活性化し、相手からの信頼も得られます。

**「あ、そこ気づかなかったなあ」**と相手を称賛したり、**「なるほどね」**といった肯定のフレーズと、「もっと聞きたい」というリアクション。これで相手の背中を押すことができ、話を引き出すことができるでしょう。

これは上司としてはもちろん、部下の立場でもクライアントに対しても使える万能の武器なので、覚えておいて損はありません。

18

# 「どうしたの？　あなたらしくもない」
## ――人格を傷つけずに部下を叱る方法

仕事のミスを厳しく指摘することも、上司の大切な仕事。とはいえ、「厳しく指摘＝叱る」という思考は、そろそろ卒業してもいいのではないでしょうか。

叱ることが好きな人などあまりいないでしょう。部下を叱ることに悩みを持っているプレイングマネジャーは多いのではないかと思います。

「何やってるんだ！」と叱れば、確かに部下は自分の失敗の重大さを自覚します。だからといって、それで部下がおびえてしまったら、冷静かつ論理的な思考が失われてしまいます。失敗を犯したときにもっとも大事なことは、「失敗をリカバリーすること」そして「原因を分析して再発を防ぐ」ことですが、これでは失敗から学ぶことができなくなります。

また、頭ごなしに叱られて人格が傷つけられたと感じると、やる気を失ってしまう部下もいます。「どうせ自分にはムリ」と自己否定に陥ったり、ふてくされて後始末を放棄する事態も起こりかねません。

いわゆる「ゆとり社員」と称される若手社員の特徴のひとつとして「叱られることに慣れていない」ことがあげられています。上司自身では叱ったつもりではなくとも、部下は叱られたと感じてしまうようです。**愛情のある叱咤は決して悪ではありません。**しかし、このように叱り方が難しくなった時代には、**むしろ〝叱れない上司〟でもいいのです。**その代わりに、叱るのと同等の効果を上げる即効フレーズを使いましょう。

**「どうしたの？　あなたらしくもない」**

これは文字どおり、**相手を肯定しながら失敗を指摘する、**極めてコミュニケーション力の高い言葉です。「あなたの実力はわかっているし、信頼もしている。それなのに失敗したのはどうして？」というメッセージが、この一言に込められています。これなら、私のようなシマウマ上司でもはっきりと伝えることができるはずです。

ただ、叱らないとはいえ、失敗した現実は認め、反省してもらわねばなりません。「あなたらしくもない」という言葉は、部下にその2点に対する気づきと、真摯《しんし》に失敗に向き合うアクションを、人格を傷つけることなく導いてくれます。

なお、もっと気軽にミスを注意したいときには、**「頼むよ～」「やってくれたねえ（涙）」**など と、ユーモラスに、しかし過ちを犯したことを明確に指摘する言い方もあります。

いずれにせよ、失敗の指摘で大切なことは、**過ちだけを責めて部下の人格までは責めないという、**上司としての基本姿勢を忘れないことです。

## 19

# 「緊急事態だから、何かあったらいつでも声をかけて」

## ――一粒で二度おいしい、失敗対処のキラーフレーズ――

プレイングマネジャーは部下でもあり上司でもあるポジション。「上と下との板ばさみ」とはつらい立場ではありますが、コミュニケーションという観点においては、非常に有利です。

なぜなら、部下をほめるときは「自分が部下だったら、どうほめられたいか?」、上司に謝るときは「自分が上司だったら、どう謝れば安心してもらえるか?」というように、自在に両方の立場をスイッチして考えることができるためです。

この思考法が一番役立つのは、なんといっても部下を叱るときでしょう。

前項で部下の人格を傷つけずに失敗を指摘する即効フレーズを紹介しましたが、それでも部下は、上司や会社に迷惑をかけていることを認識する中で、人格は傷つかずとも大きく落ち込むことでしょう。大きな失敗であれば、クビも考えるかもしれません。

実際、私自身も、「こんな大きな失敗、即刻クビになるかもしれない」と不安ではちきれそうになったことがあります。

一方、今度は自分が上司の立場に立って考えてみます。

部下の失敗は上司の失敗となるのが組織のルール。部下を叱った後、今度は自分自身が「君がついていながら、どうしてこんなことが起きるんだ！」と上司に叱られることになります。

しかしその後は、「どう対処する？」という話になるはずです。叱られて落ち込んでいる場合ではありません。

このように2つの立場で失敗リカバリーのシミュレーションをしてみると、落ち込んでいる部下の状態を慮《おもんぱか》りながらも、速やかに失敗をリカバリーするアクションをとらせることが必要だとわかります。とはいえ、落ち込んでいる部下に「どう対処する？」と持ちかけたところで、ある程度の失敗の経験がなければかえって部下にプレッシャーを与えることになります。

そこで効果的な即効フレーズがこちらです。

**「緊急事態だから、何かあったらいつでも声をかけて」**

この言葉で、部下はあなたを**一緒に問題解決する〝味方〟であること、「自分は見捨てられていない」というメッセージを受け取ることができます。**さらにこの言葉で、部下は相談をしやすくなるので、部下が迅速に必要な対処をとっているかのチェック機能も果たしてくれます。つまり、**部下を慮りながら対処を進めるという、2つの上司の仕事を一度に進めることが可能となるのです。**

## 20 ため息をついて「まいったな……(困)」
### ——弱った姿をさらけ出して、部下の自尊心をくすぐる——

上司として人の上に立つ立場である以上、部下の見ている前で感情に任せて机に突っ伏してしまったり、ぶつぶつグチをこぼしたりするのは……。本来上司としてあまりしてはならないことです。しかし、いつでも完全無欠で弱みを見せない上司というのも、部下を息苦しくさせてしまうという一面もあるようです。

「まいったな……(困)」

時にはあえて部下の前でこんなフレーズを、ため息とともにこぼしてみてください。するとと思いがけず、それが「引き出し力」に結びつくことがあります。

たとえば、経験豊かな年上の部下や、優秀で負けん気が強い部下の前で、この即効フレーズを使ってみてください。幹部会議や予算会議などの重要会議の後が効果的です。

なぜならこうした部下はいろんな意味で社内をよく観察しているので、「自分は参加できないけれど重要な会議」があったことはきちんと把握していて、そこでどんな話があったかを気にしています。したがって、会議から戻ったあなたが「まいったな……」とため息をつけば、かなりの確率で反応してくることが予想されます。

そこで、「あれ、何かあったんですか？」などと部下が話しかけてきたら、すかさず「実はさっきの会議で、予算の上方修正の話が出てね……」などと、ため息の理由を打ち明けてみてください。

うがった見方かもしれませんが、人は他人の不幸に敏感な生き物です。不幸とまではいきませんが、自分の上司が困っている姿を見れば、部下は何かしら興味を持つはず。そこをすかさずキャッチできると、ピンチをチャンスに変える可能性が生まれます。

**あえて自分の弱った姿を見せることで、部下の自尊心をくすぐり、**「頼られた」と感じてもらうのが狙い。なかなか言うことを聞いてくれない部下が、何かしらのフォローを考えてくれたり、頼まなくとも動いてくれるようになることを、私自身、今まで何度も経験してきました。

自分は上司だからとあまり自分一人で悩まず、困ったときはあえてさらけ出してみることです。むしろ、**完璧な上司でないほうが、部下との関係を進展させ、チーム力を底上げする可能性を秘めている**ということ。マイクロソフト時代、自分のチームが社長賞をとれたのは、まさに当時弱っている私を見て、チームメンバーが一人一人主体的に動いてくれた結果にほかなりません。

## 21 「ごめん、ちょっと5分だけ集合〜」

### ──情報の「垂れ流し」で、部下との信頼関係も深まる──

多忙なプレイングマネジャーが心がけるべきは、「部下に任せる仕事を増やす」ことです。

これまで自分がやっていた現場仕事を部下やチームに託して、自分はワンランク上の仕事に携わる。プレイングマネジャーとしての力量がもっとも問われる仕事回し術といえるでしょう。

そこで試していただきたいのが「情報は垂れ流す」という習慣です。

たとえば、幹部会議で全体方針が変更になったとき、会議が終わって席に戻るやいなや、

「ごめん、ちょっと5分だけ集合〜」

と、声をかけてください。チーム全員が揃っていなくても、「いる人だけ5分集まって！いない人には伝えておいて」で十分機能しますし、部下は私が幹部会議後だと知っているので（なぜかは仕組み化の章に答えがあります）「あっ、緊急なのかな」と感じて、意外にすんなりと集まってくれます。

そこで「……なので、数日中にこの決定をベースにした指示が来るはずだから、心積もりしておいてほしい」と伝えれば、部下は「自分の仕事は会社の利益とつながっている」と認識

できる、すなわち同じ「会社の歯車」だとしても、存在意義のある「歯車」だと認識できるのではないでしょうか。**仕事に対する当事者意識が高まる**ことで、結果として部下が成長し、任せる仕事を増やせることにつながります。

そして**情報が重要であればあるほど、早く伝えてくれた上司に部下は信頼感を抱きます。**

私の経験でも、「次期バージョンの開発終了が1カ月遅れるかもしれない」といった機密情報をいち早く上司が教えてくれたときは、喜びを感じるのと同時に、その上司に対して強い信頼感を抱きました。

たとえ3日の遅れであっても、現場はその日に焦点を合わせて営業をしています。クライアントにも納品日を確約しているのに、ギリギリまで日程変更が知らされなければ、トラブルの引き金にもなりかねません。それゆえに、いち早く部下に伝えてくれた上司に、信頼と感謝の念がわいたのです。

部下が理解しやすいよう、自分だけで情報を抱えて整理する時間を作るより、むしろ部下を信頼して5分で情報は垂れ流し、その時間を自分の仕事の時間に充てる。もちろん上司側の判断力（垂れ流していいか否か）は必要ですが、出せる情報は垂れ流してしまったほうが、結果的に部下を育て、お互いの信頼関係を築くことにつながります。

22

# 「お帰りなさい、おつかれさまです」

## ――上司に「自分に話をするきっかけ」を提供する――

自分自身が管理職になって気がついたこと――それは、上司の孤独です。

若手のビジネスパーソン向けのセミナーで、参加者からしばしばこんな質問が出ます。

「ウチの上司は、何を考えているかさっぱりわからない。話もしてくれない」

特に20代の若手は、「コミュニケーションは上司のほうからするもの」と考えている人が多いようです。指示も含めて「話しかけてもらえるタイミング」を、ただ待っています。

しかし上司も、逆に部下に気軽に話しかけることができないものなのです。忙しい部下に急に話しかけては仕事の邪魔になると気を遣います。一緒にランチに行くのも、打ち合わせを兼ねるなど何か理由がない限り、「気を遣わせて悪いかな?」などと遠慮したりもします。これは自分が上司の立場になってみないとわからないことかもしれません。

このように上司と部下というのは意外に話をするチャンスが少ないもの。したがって、上司との関係を改善したいのであれば、時には部下の側から、上司の「話したいオーラ」をキャッチしてあげることが必要です。プレイングマネジャーであれば、部下であると同時に上司でもあるわけですから、上司の孤独を察する力もついているはずです。

たとえば役員会議を終えて席に戻るなり、上司が資料をバンと投げ出して疲れた雰囲気を醸し出していたら「ああ、上から何か言われたのかな」とわかることがあります（逆に、部下に話せないくらい重い案件を抱えている上司は、ため息をついたり、資料をバンと投げ出すようなことはしないものです）。

そして「あのため息は、檄《げき》を飛ばされただけじゃなくて、達成数字の上乗せまで具体的に指示されたんだろうな。こっちにも指示がくるぞ」などと察することもできます。

そんな雰囲気を感じたら、この即効フレーズで上司が話せるきっかけを作ってください。

## 「お帰りなさい、おつかれさまです」

ありふれた言葉ですが、「自分の様子を見てくれている、何かをキャッチしてくれている」というメッセージが上司に伝わります。

上司といえど人間です。役員から無茶を言われたら弱音を吐きたいこともあるでしょう。そんなときに「おつかれさまです」の一言は大きなねぎらいになります。

日にちを少しおいて「3日前のあの会議の後、すごくお疲れっぽかったですね」などと、打ち合わせの際に言い添えてもいいでしょう。

上司は「自分のことを見てくれている」という嬉しさを感じると同時に、聞かれなければ言うこともなかった情報を、あなたに授けてくれるかもしれません。

## 23 「先生～」——上司に苦言を呈するときの和らげ表現

私がかつて勤務していた会社では、上司に対しても「さん付け」が基本。「部長、課長」と役職名で呼ぶことはなかったのですが、私はしばしば上司を「先生」と呼ぶことがありました。

「先生～（涙）」

上司へのゴマすりのために「先生」を使っていたわけではありません。上司の間違いを指摘しなければならないときや苦言を呈したいとき、言いにくいことをやわらかに、しかもきちんと伝えるために使っていたのです。

「先生」と表現することで、相手が目上であるという意思をはっきり示すことができます。冗談っぽい感じもしますが「先生」と呼ばれて嫌な気持ちになる人はいないでしょう。

たとえば次の2つのフレーズを比べてみてください。

「先生～この数字、11月分の売り上げが抜けてるように見えるんですが……」

「○○さん。この数字、11月分の売り上げが抜けています!!」

指摘している事実はまったく同じです。しかし前者のほうが冗談っぽくくだけている上に、「弘法にも筆の誤りですね！」と上司をフォローするニュアンスも加わっています。

上司であっても、時には数字を間違えたりミスを犯すこともあります。それを「間違いを見つけました！」と直球で指摘すること自体は間違いではありません。そもそも黙って見て見ぬふりをしては本末転倒です。

心の広い上司であれば、部下に間違いを直球で指摘されても「自分が間違っていたのは事実だし仕方がないな」と流してくれますが、前項でも述べたとおり、上司だって人間です。それでなくとも部下の前で失態を犯して気まずい。悪いのは自分だとはわかっていても、それを真正面に指摘されては、いい気分でないのは明らかです。

もっと微妙なやりとりで、上司がちょっと間違ったことを言ってしまったときなど、部下が気づくより先に上司自身が「あっ、間違えた」と自覚していることがあります。

そのような状況で、鬼の首をとったかのように「F部長は確かに今、○○とおっしゃいましたよね？」と言質をとる必要があるでしょうか。**「先生（あれ）？」**と一言つぶやいて「ごめんごめん、間違えた！」と明るいムードの中、正しい議論に修正すればいいだけのこと。

上司をリスペクトしつつ、言いにくいことをやわらかくはっきりと伝える――「先生～」の一言で、**相手に逃げ道を作る気遣い**も、コミュニケーション力のひとつです。

# 24

# 「最近、何がキテますか？」

## ――年上の部下は〝軍師〟と心得る――

「年上の部下は難しい」

「女性上司はどうも苦手」

働き方が多様化し、年功序列制度がなくなりつつある今、こんなことを口に出して言う人はほとんどいません。

しかし正直なところ、「やりにくい」と思っている人は多いでしょう。

私にも年上の部下がいました。彼は業界経験が私よりはるかに長く、仕事ができる。それゆえ自分の仕事にプライドも自負もある人です。

そんなデキる年上の部下に対して、「上司は私です！」という若手同様のマネジメントだけで押し通そうとするのは無理があります。

妙なライバル心をあおってしまっては、お互い感情的にぎくしゃくしてしまいます。また、上司は自分だと過度に押さえ込もうとすれば、相手のモチベーションは確実に下がります。

年上部下に対する上司の仕事とは、基本的には結果のチェックのみ。プロセスなど任せられるところはむしろ積極的に任せてしまう。そして上司というよりは「同志」、部下というよ

**りは「軍師」として、相手をリスペクトする態度で臨むほうがうまくいきます。**

**「最近、何がキテますか？」**

これは年上の部下に対する即効フレーズ。「あなたの業界経験やトレンド予測力から見て、今着目しておくべきことは何ですか」という**「頼る姿勢」を示すフレーズです。**

業界経験や人脈など自分がかなわない点は素直に頼ってしまえばよいのです。そんな「頼る姿勢」を日常のコミュニケーションに取り入れることで、部下は「自分は尊重されている」という自己承認につなげることができます。

年上の部下に限らず、これからの組織にはさまざまなポジションの人が増えていくでしょう。現にマイクロソフトでは、私の在籍当時から、通常の組織図にはおさまりきれない役回りの人がいました。たとえば、社歴は10年以上でスキルも経験もあるのに「管理職は嫌だから」という理由で、あえて部下を持たずに遊軍的なポジションをキープする人がいるといった具合です。

こういった人々の経験やスキルを日常から尊重するコミュニケーションを心がけ、お互いの関係のバランスをとっていれば、いざというときに、彼らは**「頼れる部下」としてあなたの力強いサポート役になってくれるはずです。**

## 25

# 「すみません！　ちょっと困ったことが」

## ――専門職の人に有効な「頼る」コミュニケーション――

どんな会社の中にもスペシャリストは存在します。

技術や経理など、**「その人のスキルを借りなければ、どうにもならないこと」を専門にやっている人です。**ＳＥや研究開発、製品マーケティングや広報といった部門が、あなたの会社にもあることと思います。

マイクロソフトにもいわゆる専門職が数多くいました。営業だった私は、クライアントとの間に立って彼らと仕事をする機会も多かったのです。中でも特に重要だったのが、突発事項や仕様変更などで、彼らの手を借りなければならないときでした。そのやりとりに使っていたのが、この即効フレーズです。

**「すみません！　ちょっと困ったことが」**

うがちすぎかもしれませんが、営業と専門職といったセクションは、時としてお互いに斜に構えて相手を見ていることがあります。

営業サイドは「それがないと売れないのだから、面倒くさくても、やってくれてあたりまえだろう」と思っていたりします。

一方、相手は相手で、「こっちも予定があるのにいつも突発的に話を持ってくる。もう少しお願いしているという誠意を示してほしい」と感じているかもしれません。

どちらの主張が正しいかは別にして、どのみちやってもらわなければそのしわ寄せがクライアントに行くわけですから、多少はこちらが折れてでも、気持ちよくやってもらわねばなりません。

そこで全面的に頼るコミュニケーションをするのです。

「すみません！　ちょっと困ったことが」

これは、**相手がスペシャリストであるという事実を認めた上で、頼る姿勢の表現。**

専門職の人は自分の仕事に誇りを持っています。だからこそ、「○○さんじゃないと、わからないので」と頼られて、悪い気はしないものです。そしてこれは私見ですが、**プロフェッショナル意識が高い人ほど、緊急事態に〝燃える〟ようにも感じます。**

しかし、専門職とは一人の作業に集中していることも多いので、自分が決めたスケジュールや作業を邪魔されたくないという気持ちがあるのも事実。

そこに緊急のお願いごとを割り込ませるのですから、本当に困っているときは、**少しオーバーに、多少感情も交えて、真摯に訴えたほうが相手に伝わります。**しかし同時に、突発事項で相手に頼ることに対する礼はしっかり示す必要があることも忘れないでください。

## 26

# 「ありがとうございます＋さすがですね」

## ――ほめ言葉とお礼は二段活用で完結する

あなたにも、こんな覚えがありませんか？　依頼してくるときは「なんとか期日までに納品してください。どうか、よろしく頼みます！」とかなりの低姿勢なのに、約束どおりに仕事を納めても、受け取りの連絡すらしてこない取引先。

「この案件について、ぜひ○○さんに教えていただきたいんです。お忙しいと思いますが、お知恵を貸してください」と熱心に頼んできたのに、結果については具体的な報告もなく、ただ「ありがとうございました」とあっさり言うだけの後輩。

こうした対応に腹を立てないまでも、失望を感じるのは私だけではないでしょう。

逆にお礼や報告の仕方が気の利いたものであれば、相手はあなたのためにまた喜んで力を貸してくれるはずです。

だからこそ心がけていただきたいのが、〝お礼〟と〝ほめ〟の即効フレーズの二段活用。

何かをお願いしたのなら、「ありがとうございます」とお礼を言うのはあたりまえのこと。突発事項に対応してもらったり、難しい案件を解決してくれたのであれば、そこに間髪を入れずに「Eさん、さすがですね」と、相手の力を称えるほめ言葉を添えることです。

技術系など専門職の人に対しては、「さすがですね」の部分をさらに具体的に伝えたいもの。**「ありがとうございます。すぐに対応していただいたので、工場のスケジュールを変更することなくすみました。クライアントも大変喜んでくれていました」**といった具合に、後日情報を添えて伝えれば、相手も自分の仕事が役立ったことを実感してくれます。

部下に対してであれば、「ありがとう、ごくろうさま」だけではなく、**「すごいね。なんで期日前にできたの?」**などと一言つけ加えれば、業務の振り返りにもなりますし、その部下のモチベーションも上げることもできます。

また、あなた一人だけの「本当にすごいです、助かりました、Fさんはさすがですよ」ではなく、**他人の言葉を借りて称える**のも、ほめられる側としては非常に嬉しいものです。

たとえば知恵を貸してくれた人の直属の上司に、「先日はFさんに、大変助けていただいたんです」と伝えれば、その上司を通じて、さらにあなたの感謝の意を伝えることができるでしょう。「聞いたよ。営業第二課の田島さんに、アドバイスしてあげたんだって?」と、上司からほめられれば相手はさらに嬉しいはず。よく言われることですが、**ほめ言葉というのは〝独唱より合唱が効果を発揮する〟**という一例です。

相手への感謝の気持ちを表す、シンプルながら効果が何倍にもなる方法です。

## 27

# 「うちの○○は、ご迷惑をかけていませんか？」

## ——社内調整の先回りフレーズ

顧客だけに気を遣っているようでは、プロフェッショナルとはいえません。むしろ社内関係者——上司、部下、同僚、他部署——と多くの関係者と仕事ができるようにならなければ、プレイングマネジャーとして業務のパフォーマンスを上げることは難しくなります。

特に私の経験からも調整が必要となるのが「他部署の課長同士」といった関係。

営業同士をライバルとして競わせ、全体の売上アップにつなげようという意向を持つ企業は少なくないでしょう。そこまで露骨でなくても、同じ営業であれば、顧客の重複、販売エリアがかぶるといったことも起こりえます。

たとえばA社を担当しているあなたの部下が、「パソコンを発注するから、ついでにプリンターも手配してくれ」という注文を受けてきたとします。部下にしてみれば、パソコンに加えてプリンターも受注できて、大喜びです。

しかし社内では「パソコンは営業一課、プリンターは営業二課の守備範囲」と暗黙のすみ分けがなされているため、あなたの部下の〝お手柄〟は、営業二課にとっては「売り上げを横取りされた」ということになります。

しかし顧客はあまり気にせず、営業二課の担当者に「この間、おたくの会社の営業一課の人にプリンターも頼んじゃったよ。窓口が一本化できてよかった」とむしろ嬉しそうに話すかもしれません。当然、営業二課の担当者は、あなたの部下に抗議することになります。結果を出したい部下であれば、当然、「はい、すみません」とはなりません。「営業して、お客さまにも喜んでもらったのに何が悪いんですか？」と反論します。

仮にそこであなたが出て行って「うちの部員が出すぎたマネをいたしました」などと謝ろうものなら、今度はあなたが反発されます。「課長はどちらの味方なんですか！」とあなたへの信頼が揺らいでしまうかもしれません。

こんな事態を回避する〝管理職のための即効フレーズ〟がこちらです。

**「うちのメンバーは、ご迷惑をかけていませんか？」**

日頃から、**守備範囲がダブりそうな課長同士がひそかに社内調整しておけば、部下同士の衝突を未然に防ぐことができるのです。**ポイントは「ご迷惑をかけていませんか？」と下手に出ること。本当にトラブルが起こりそうなのであれば、先に「ご迷惑」とこちらが言うことで先方も言いにくいことを話しやすくなります。

こういった調整こそが、現場とマネジメント双方の立場に立つプレイングマネジャーならではの重要な仕事といえるでしょう。

部下に正しく力を発揮させるためにも、社内コミュニケーションを活性化させ、情報流通をスムーズにしておくのが、マネジャーの役割なのです。

いちいち面倒に思われるかもしれませんが、ここのコミュニケーションをおろそかにしてはなりません。

28

# ネコパンチ∧パンダエルボー∧ウマキック

## ——怒りの感情の3段活用～オブラートに包んでソフトに、でも確実に伝える——

仕事をしていれば、どうしてもイライラしたり腹が立ったりすることはあります。指示した通りに動けない新人、期日通りにレポートを提出してくれないメンバー、期待していた内容にそぐわない企画を持ってくる部下……。

感情的になってはいけないと頭では理解しているのですが、人間ですからイラッとすることはあります。冷静に諭すのがセオリーだとわかってはいるけれど、どうしてもひとこと言いたいときもある……。

ご存じのとおり、相手を「叱る」のと「怒る」のはまったく意味が違います。そして、ビジネスの場において、相手に対して何かしら注意したり、正さなければならない場合、それは基本的に、**個人的感情を排した「叱る」でなければいけません**。

しかしながら、時には感情を乗せて**「あえて」怒るべき**シチュエーションもあるものです。問題はそれをどのように伝えるかです。ビジネスの現場で怒りの感情のコミュニケーションは、自分の感情のコントロール含めた高度なテクニックが必要とされます。

そこで、自分が怒っていることを伝える、しかしそれを**直球ではなくオブラートに包んで**

## ソフトに、でも確実に伝えるためのユニークなフレーズをご紹介します。

実はこれは私が使っていたフレーズではなく、当時の私の女性部下が編み出したものです。

### 「ネコパンチ」「パンダエルボー」「ウマキック」

これだけ見ると何だか子どものお遊戯のようですが、彼女は自分の感情をコントロールしながら、しかし怒りの感情をうまく相手に伝えたいときに、この3つの言葉を怒りの状況に応じて使い分けていたのです。

ちなみに、この3つの言葉は段階別になっていて、一番怒りの低いものが「ネコパンチ」、「ウマキック」は一体何があったのだろうと周囲が固唾をのむレベルです。

「うーん、まだそれはクライアントに公開して欲しくなかったんです〜。これ、ネコパンチもんですよ〜（怒）！」

とネコパンチのジェスチャーとともに苦言を呈す、といった具合で使用されます。

かなりユニークな言い回しなので、使用対象は部内等の内輪のコミュニティに限定されますが、内輪だからこそ、ときには感情を伴うやりとりも生じるもの。相手もネコパンチの意味を重々承知していますので、その一言で十分意図は伝わるというわけです。

たとえ、相手がネコパンチの意味を理解していなくても、話の内容で何となく「マズい」ということは理解できるので、ネコパンチなどとファンシーな言い回しをしているけれど、目は怒っているといったニュアンスは、案外伝わるもののようです。

また、彼女は**自分自身の気持ちをコントロールする目的**でも、このフレーズを意識的に使っていました。

「田島さん、どうして××さんはいつも提出期限を守ってくれないんでしょう。これはもはやパンダエルボーものです！」

とパンダエルボーを実演しながら、自分の怒りの感情をコントロールしつつ、私に報告してくれました。

彼女のこの怒りの3段活用フレーズから学ぶべき点は、たとえ感情に任せた怒りでも、それを**そのままむき出しに伝えないという、大人の対応**だといえるでしょう。また怒りに対してネコ、パンダといった言葉を使うことで、怒りの感情から多少クールダウンできるといった効果もあります。

さすがにネコ、パンダといった言い回しは女性ならではですので、男性にはぜひこれに匹敵する、怒りをうまくオブラートに包みながらも、それを明確に伝えるフレーズを編み出していただければと思います。

PART 3

# コミュニケーションを仕組み化する

マネジメントと現場業務の両方を抱えるプレイングマネジャーにとって、コミュニケーションがいかに重要かは、もうおわかりいただけたと思います。

つまり、コミュニケーションが「やるといい」ものではなく**「やるべき仕事」のひとつ**である以上、**「いかに漏れ・抜けなく、効率的かつ効果的におこなうか」**に心を砕くのは他の業務と同じ。そして、コミュニケーションを必要なときに必要なだけとれるようにするためには、まずその使用頻度を、他の業務と同レベルに引き上げる必要があります。

たとえば、どんなに忙しくても**部下と向き合う時間**を捻出する。そのためには、自分の忙しさだけではなく、**部下の忙しさも把握しておく**ことが不可欠です。

また、提出期限を守って書類を出してきた部下をねぎらうためには、自分が設定した期限を忘れないこと。そして部下が期限内に**「仕上げたこと」に対して、タイムリーに感謝をする**という細やかな配慮も必要です。

そうしたことがわかっていながらも、私たちは「つい」、自分の目の前の業務に没頭してしまったり、急のトラブル対応に追われて、コミュニケーションの優先順位を自然に下げてしまっていました。しかし、それではプレイングマネジャーの負担は大きくなるばかり。

マネジメントと現場業務を並行でこなす**〝マルチタスク脳〟**が、プレイングマネジャーには必要です。そこで、**コミュニケーションを業務タスクとしてスケジューリング**できれば、マルチタスク化の大きな助けとなります。

そこで「**コミュニケーションの仕組み化**」の提案です。

本パートでは、コミュニケーションを業務の習慣にする、以下の3つの仕組み化について説明します。

①**【スケジューリング】** 日常業務にコミュニケーションアクションを組み込み、他のタスクと同様に扱えるようになる

②**【相手の予定も自分の予定にスケジューリング】** 相手の状況を把握することで、相手へのコミュニケーションアクションを組み立てられるようになる

③**【コミュニケーションの最適化、効率化】** スキマ時間の利用、コミュニケーションに最適なタイミングや場所がつかめるようになる

仕組み化によって、コミュニケーションを他の業務レベルに引っ張り上げる。そして、そこで生じた余裕で、相手の立場に立った、**結果につながる質の高いコミュニケーション**をとれるようになることが、**仕組み化の最大の目的**となります。

コミュニケーションのための手帳術①

29

# ――コミュニケーションTO DOリストを作る――

仕組み化の第一歩は、手帳術。手帳を活用することでコミュニケーションを業務タスクとして可視化し、コミュニケーションのアクションを業務の一部として組み込んでしまうのです。

まずはTO DOリストを作成して、コミュニケーションをタスク化しましょう。

「18時までにレポート完成」「A社用のマーケティング資料準備」のような日常業務のTO DOリストを作ることと同じ要領です。

- ☑ 朝9時にクライアントのC課長に電話
- ☐ （新人の）Dさんが出社したら業務の進捗確認
- ☐ 10階徘徊。営業第二課のBさんに何か声かけをする
- ☐ 上司にプロジェクトの終了報告
- ☐ （最近パフォーマンスが落ちている）Aくんを夕方つかまえる

他の業務同様に、コミュニケーションをスケジュール帳にタスクとして可視化させるメリットは2つあります。

まず、コミュニケーションタスクが他のタスクと同列の扱いになることで、**自然とコミュニケーションが日々の業務に採り入れられるようになること。**

たとえば4番目の「上司への終了報告」。プロジェクト終了日を通常のTO DOリストに書き込む人は多いと思いますが、それを上司にタイムリーに報告できていますか？　そんなときコミュニケーションのTO DOリストがあれば、上司への報告を忘れないだけではなく、「メールですませるか、声をかけて直接話すか」というコミュニケーション手段の精査につながり、おのずとコミュニケーション力アップにつながります。

もうひとつのメリットは、コミュニケーションを仕組み化することで、**人間関係のストレスというモヤモヤを、タスク処理できるようになる**ことです。

**プレイングマネジャーという多くの人間と関わるポジションにおいて、人間関係のストレスは業務における最大の障害となります。**気を遣う年上の部下、利害の一致しない他部署のプレイングマネジャーなど、気が重い相手は誰にでも存在するもの。苦手な人を避けたいのが人間心理ですから、意識的に心がけていかない限り、彼らとの接点はどんどん希薄になっていくでしょう。しかしそれではいつか業務に支障をきたします。

しかし、対人間のタスクとはコミュニケーションにほかなりません。つまり、コミュニケーションこそ「人間関係マネジメント」という業務をスムーズにするためのツール。だから可視化してタスク管理するだけの価値があるということです。

前述のように「10階徘徊。営業第二課のBさんに何か声かけをする」と書き込み、タスクにして可視化することで、少しずつコミュニケーションを業務の一環として活用する力が備わっていくでしょう。

所要時間はわずか数分ですが、その日働いた8時間のうち、一番大切な時間だったということもあるのです。

## コミュニケーションの TO DOリストを作る

- □ 朝9時にクライアントのC課長に電話
- □ (新人の)Dさんが出社したら業務の進捗確認
- □ 10階徘徊。営業第二課のBさんに何か声かけをする
- □ 上司にプロジェクトの終了報告
- □ (最近パフォーマンスが落ちている)Aくんを夕方つかまえる

**コミュニケーションは仕事のひとつ。**
**だから仕組み化する!**

**可視化のメリット1**

**仕事のレベルが上がる**

コミュニケーションが
日々の業務に組み込まれる

**可視化のメリット2**

**ストレスの軽減**

人間関係のモヤモヤを
タスク化して解決できる

## 30 コミュニケーションのための手帳術②——「部下のための30分」もスケジューリングする

コミュニケーションをタスク化してスケジュール帳に落とし込む。

これを仕組み化できれば「自分の仕事が忙しくて、部下にかまっていられない」あるいは「部下の世話が大変で、自分の仕事ができない」といった悩みから解放されます。

プレイングマネジャーにとって毎日欠かせないアポは、部下のための30分です。

「毎日、17時半から18時は部下のための時間」と決めたら、その時間は完全にブロックしてしまい、ほかのスケジュールは入れない。この時間を確保することを決めてしまう。こうした習慣がここでいうコミュニケーションの仕組み化のポイントです。

「スキマ時間ができたら、気になっていたAくんをつかまえて話を聞いてみよう」

この程度の意識では、Aくんをつかまえることは不可能でしょう。自分自身が働き盛りで多忙を極めるプレイングマネジャーは、いつになっても体があきません。

その結果、ほんの数分であわただしく部下と話し合うことになり、それでは十分なフォローなどできないでしょう。

しかし、部下との時間をあらかじめ仕組み化しておけば、その時間は100パーセント

## 「部下のための30分」を
## あらかじめスケジューリングする

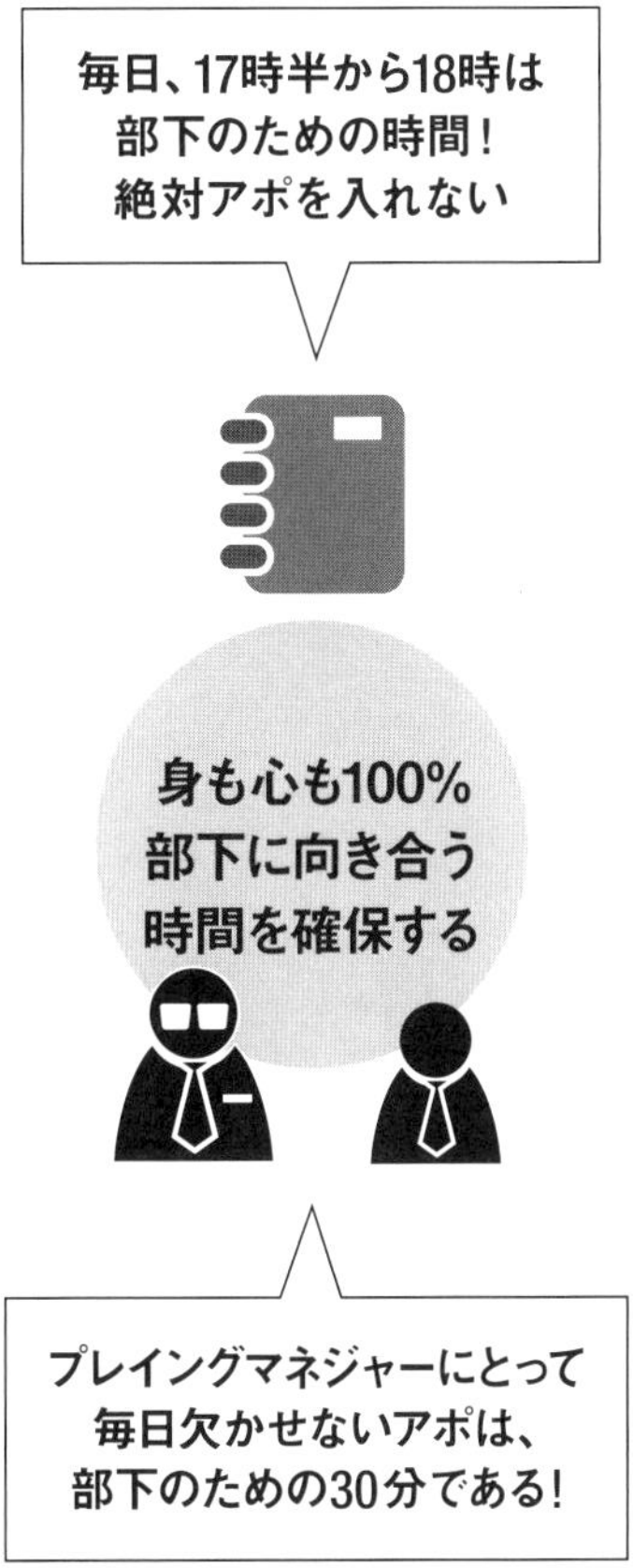
毎日、17時半から18時は
部下のための時間！
絶対アポを入れない
身も心も100%
部下に向き合う
時間を確保する
プレイングマネジャーにとって
毎日欠かせないアポは、
部下のための30分である！

○月○日（火）

| | |
|---|---|
| 9：00 | 本社と電話会議 |
| 9：30 | |
| 10：00 | A社訪問 |
| 10：30 | |
| 11：00 | |
| 11：30 | |
| 12：00 | ランチ |
| 13：00 | |
| 13：30 | Bさんと進捗状況確認 |
| 14：00 | |
| 14：30 | |
| 15：00 | |
| 15：30 | |
| 16：00 | 社内ミーティング |
| 16：30 | |
| 17：00 | |
| 17：30 | 部下との時間 |
| 18：00 | |
| 18：30 | |
| 19：00 | |

集中して部下に向かうことができます。

少なくとも、部下の話を上の空で聞きながら、「ああ、あと1時間以内にこの資料を仕上げなければならないのに……」と内心であせっているような状況は回避できるはずです。この状態がまずいのは、勘のいい部下は上司が上の空でいることを見抜くということです。上司が上の空で話を聞いてくれていないとわかれば、上司不信にもつながりかねません。こうして考えれば、上の空で長い時間つき合うより、たとえ5分でもほかの仕事をいっさい頭の中から排除し、身も心も100パーセント部下に向き合う時間を仕組み化する必要性をおわかりいただけるでしょう。

マイクロソフトでは、社内会議の調整と通知はExchange ServerとOutlook®でおこなっていましたので、ネットワーク上で公開している自分の予定表には、必ず部下との時間はブロックして、他の会議を入れられないようにしていました。

この予定表は部下も見ることができる設定になっていたので、彼らも私が毎日夕方5時半から30分は自分たちのために時間をブロックしているとわかれば、自然とその時間に私のデスクに来る習慣が身につき、仕組み化の相乗効果を生み出すこともできました。

# 31 コミュニケーションのための手帳術③ ――部下のデッドラインも手帳に書く――

**プレイングマネジャーにとっては、待つことも仕事のうちです。**

たとえば、部下が基礎リサーチを提出してきたら、それをまとめて報告書にする。他部署の売上レポートと自分のチームの売上レポートを合わせて、社内幹部にプレゼンする……。プレイングマネジャーであれば、こういったまとめ仕事は多いのではないでしょうか。

そして、全員が期日どおりに提出してくれれば問題はないのですが、必ず誰かしら遅れたり、忘れたり、意図的にやらなかったりします。それを**督促《さいそく》するのもプレイングマネジャーの仕事。**

万が一、部下の提出が遅れたことで、あなたの報告書が期日までに間に合わなかったとしても、「悪いのは部下をマネジメントできなかった上司」と言われることになります。

したがって、部下やチームメンバーに作業を依頼する場合、締切日の設定は非常に重要です。私の場合は、デッドラインに必ずバッファを取っています。**本当のデッドラインの日より、2～3日早い期日でデッドラインを伝え、リスクヘッジしておくのです。**そうすれば万が一、部下の作業が滞って提出が遅れるといった緊急事態にも慌てずにすみます。

バッファ付き期日を設定したら、次は部下に与えた指示とそのデッドラインを手帳に書き込みます。たいていの人は自分のデッドラインは手帳に書いていると思いますが、プレイングマネジャーであれば、「他人に課したデッドライン」も手帳に書く習慣をつけましょう。

部下のAさんに「火曜日までに売上レポートを出してください」と指示したことは覚えていても、Bさんへの「月曜日までに報告書をまとめてください」という指示が記憶から抜けてしまうこともあります。部下が大勢いればいるほど忘れるリスクは高くなります。

やるべきことは「部下に振った仕事」のデッドラインを、手帳にスケジューリングしておくだけです。たとえば、「○月○日：Aさんに18時までにレポートをもらう」と記入しておくという塩梅です。さらに、その3日前に該当する日には「○月○日：Aさんに○日までにレポートをもらう。本日は、締め切り3日前！」と記入しておきます。そうすれば、「Aさん、あと3日で提出日だよ。順調？」と漏れなくリマインドできます。

同じリマインドでも、締め切りギリギリの切羽詰まったリマインドよりも、余裕がある段階でのリマインドのほうが、はるかにコミュニケーションとしてはやりやすいですし、双方にとって当日慌てないためのリスクヘッジにもなります。

こういったタスクをスケジュール帳で管理できれば、コミュニケーションを仕組み化してプレイングマネジャーに必要な〝マルチタスク脳〟を手に入れることができるでしょう。

## 部下のデッドラインも手帳で管理する

| 月 | 火 | 水 | 木 | 金 |
|---|---|---|---|---|
| | | | | Aさんに<br>○月○日までに<br>レポートをもらう。<br>本日締め切り<br>3日前！ |
| | Aさんに<br>18時までに<br>レポートを<br>もらう。 | | | 本当の<br>デッドライン |
| Aさんの<br>レポートと<br>合わせて<br>役員にプレゼン | | | | |

Aさん、ありがとう！

Aさん、あと3日で提出日だよ。順調？

間に合った！

**本当のデッドラインより、**
**2〜3日早い期日を伝え、**
**リスクヘッジしておく**

# 仕組み化例（手帳）

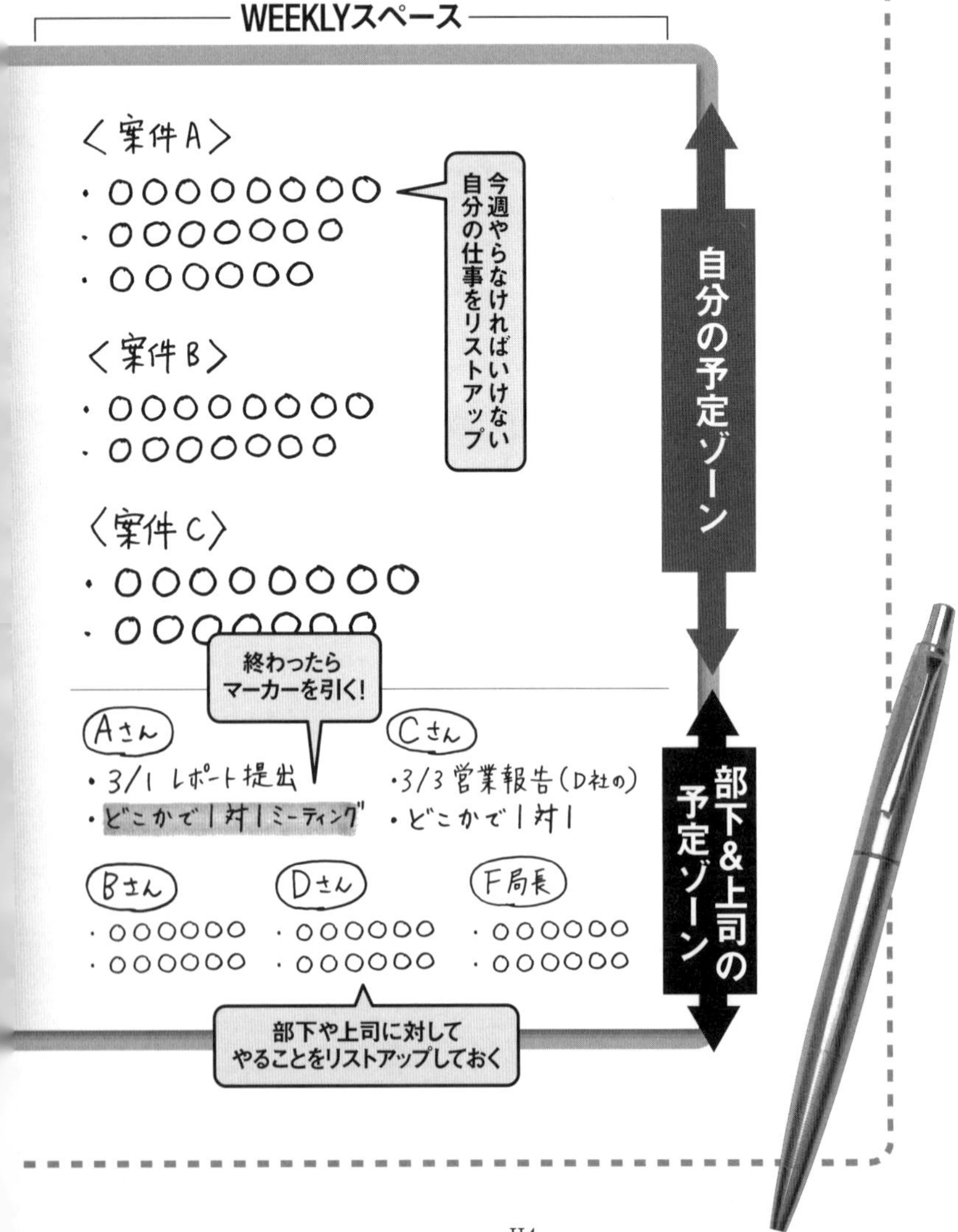
WEEKLYスペース
〈案件A〉
今週やらなければいけない自分の仕事をリストアップ
自分の予定ゾーン
〈案件B〉
〈案件C〉
終わったらマーカーを引く！
Aさん
・3/1 レポート提出
・どこかで1対1ミーティング
Cさん
・3/3 営業報告（D社の）
・どこかで1対1
Bさん
Dさん
F局長
部下&上司の予定ゾーン
部下や上司に対してやることをリストアップしておく

# コミュニケーションの

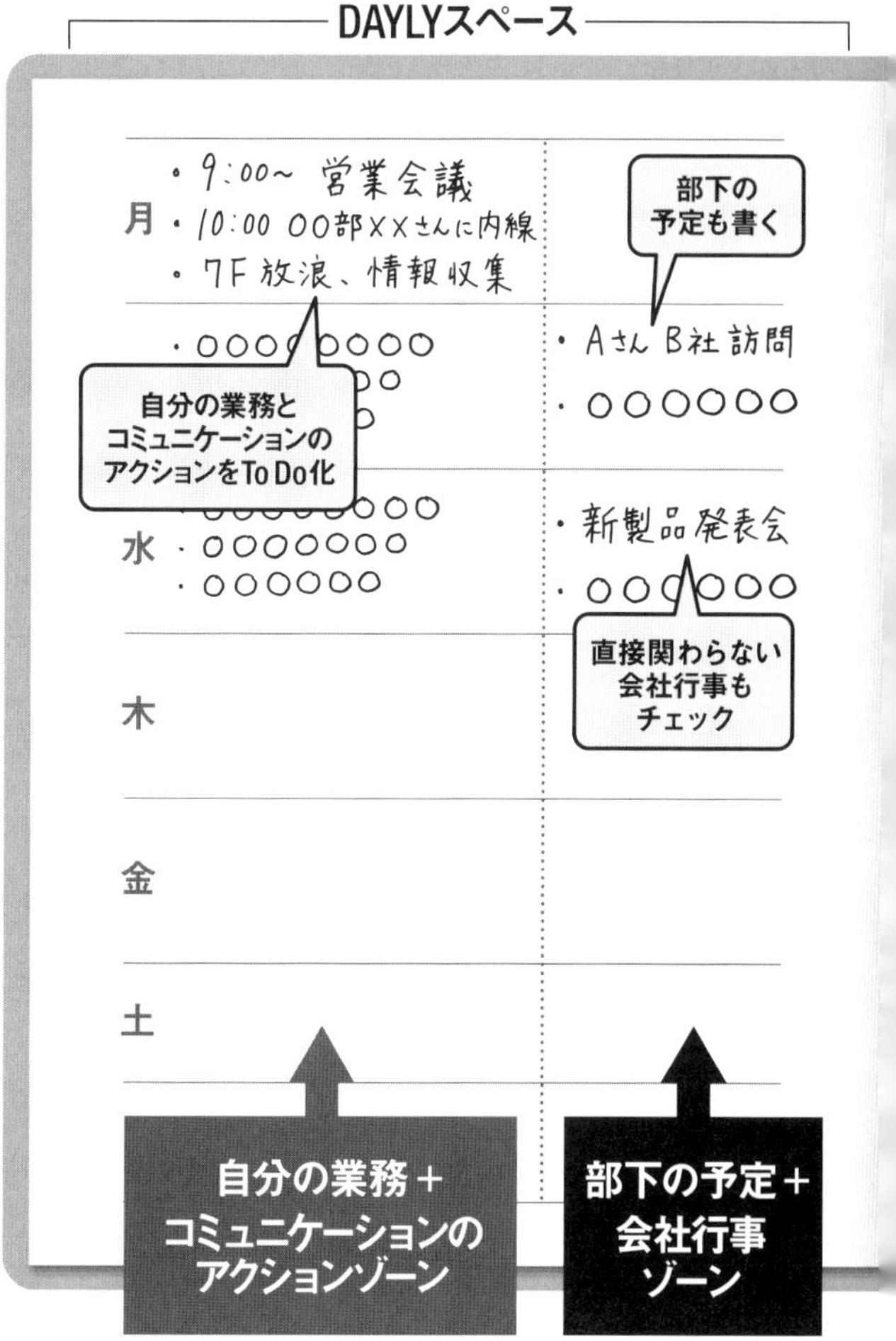
DAYLYスペース
月
・9:00~ 営業会議
・10:00 OO部XXさんに内線
・7F放浪、情報収集
部下の予定も書く
・Aさん B社訪問
・OOOOOO
自分の業務とコミュニケーションのアクションをTo Do化
水
・OOOOOOO
・OOOOOO
・新製品発表会
直接関わらない会社行事もチェック
木
金
土
自分の業務＋コミュニケーションのアクションゾーン
部下の予定＋会社行事ゾーン

# 32 パソコン上のスケジュールを公開しておく

「スケジュールは、デジタルとアナログのダブルで管理している」という方も多いと思います。私も会社員のときは、アナログのスケジュール帳とパソコンの予定表で、スケジュールとタスクの管理をしていました。スケジュール帳は自分専用、パソコン上の予定表は部下やメンバーに自分のスケジュールを共有するためでしたが、これは「見せるコミュニケーション」という仕組み化のひとつでもありました。

コミュニケーションの基本は「相手を知ること」。したがって、部下のためにあなたのスケジュールを公開して、あなたの予定を「見せる」のです。ネットワーク上でOutlook®等の予定表を公開しておけば、部下があなたにコミュニケーションする際の適切なタイミングはいつか、そのヒントを自然と与えることができるわけです。

あなたのスケジュールを見た部下は、「あっ、今日は全体会議がある。この前後、課長は忙しいだろうから、今日込み入った話は無理だ」と悟ってくれるかもしれません。

また、予算会議や経営会議などの予定も公開しておけば、自然と部下がそれを目にするようになるので、「今、会社で何が起こっているか」を知る有益な情報源になりますし、会社を俯瞰で見る意識も高まります。

アナログの応用編として「**見せるコミュニケーション・数字編**」というものもあります。オフィスの壁に営業成績を大きく張り出して、営業部員にハッパをかけるのと基本的には同じことですが、そこまでおおげさにやらずとも同じ効果を得た方法がありました。

**自分のデスクの目に留まりやすい場所に「今月の売上進捗表」を張り出しておきます。**

営業の場合、みな数字には敏感ですから、上司の席にその類のものがあれば、通りすがりに無意識のうちにチェックします。

そうすると、やがて「あ、この状況じゃ今月ちょっとキツいですね」とか「あ、これだったら昨日とれた受注分で今月は目標達成します」などと、私が席にいると部下が声をかけてくれるようになりました。

**予算達成状況という1枚の紙でコミュニケーションが活性化したのです。**

そうすれば「あと1週間だけど今月どう?」などと自分から声をかける必要がなくなります。部下にハッパをかける目的のみならず、コミュニケーションの活性化を通じて、情報が効果的に流通するようになるのです。

ちなみに、この「見せるコミュニケーション」とは、Part2でご紹介した「情報は垂れ流す」のひとつでもあります。

「会議の内容を何でも部下に教えるのは、ネガティブな影響もあるかもしれない」と、情報を抱え込んでしまうプレイングマネジャーがいます。

もちろん、機密事項は存在しますし、上司と部下では組織の中での役割が違うのですから、すべての情報を共有しろとは言いません。

しかし、「教えたら絶対にマズい」というレベルでない限り、出してマズくない情報は「垂れ流し」たほうが、結果的にチームに好影響をもたらします。自分だけが出席した経営会議の資料は席に戻り次第コピーして渡す、いるメンバーだけ5分集めて会議のサマリーを話す、こういったアクションをコミュニケーションの仕組みにすることです。

この「情報の垂れ流し」効果はPart2で詳述したとおりですが、これによって部下と上司の相互信頼につながり、部下のモチベーションアップにつなげることも期待できます。

そのほかの「見せるコミュニケーション」としては、あえて上司の前で大きな声を出してクライアントに電話をする、といったやり方もあります。

自分の仕事ぶりのアピールではなく、「ちゃんと仕事をしていますよ」という報告を、〝見せる〟ことですませているのです。上司の立場になってみれば、いちいち確認しなくても「ああ、やっているな」と安心できると思います。

## 「見せるコミュニケーション」の2つの方法

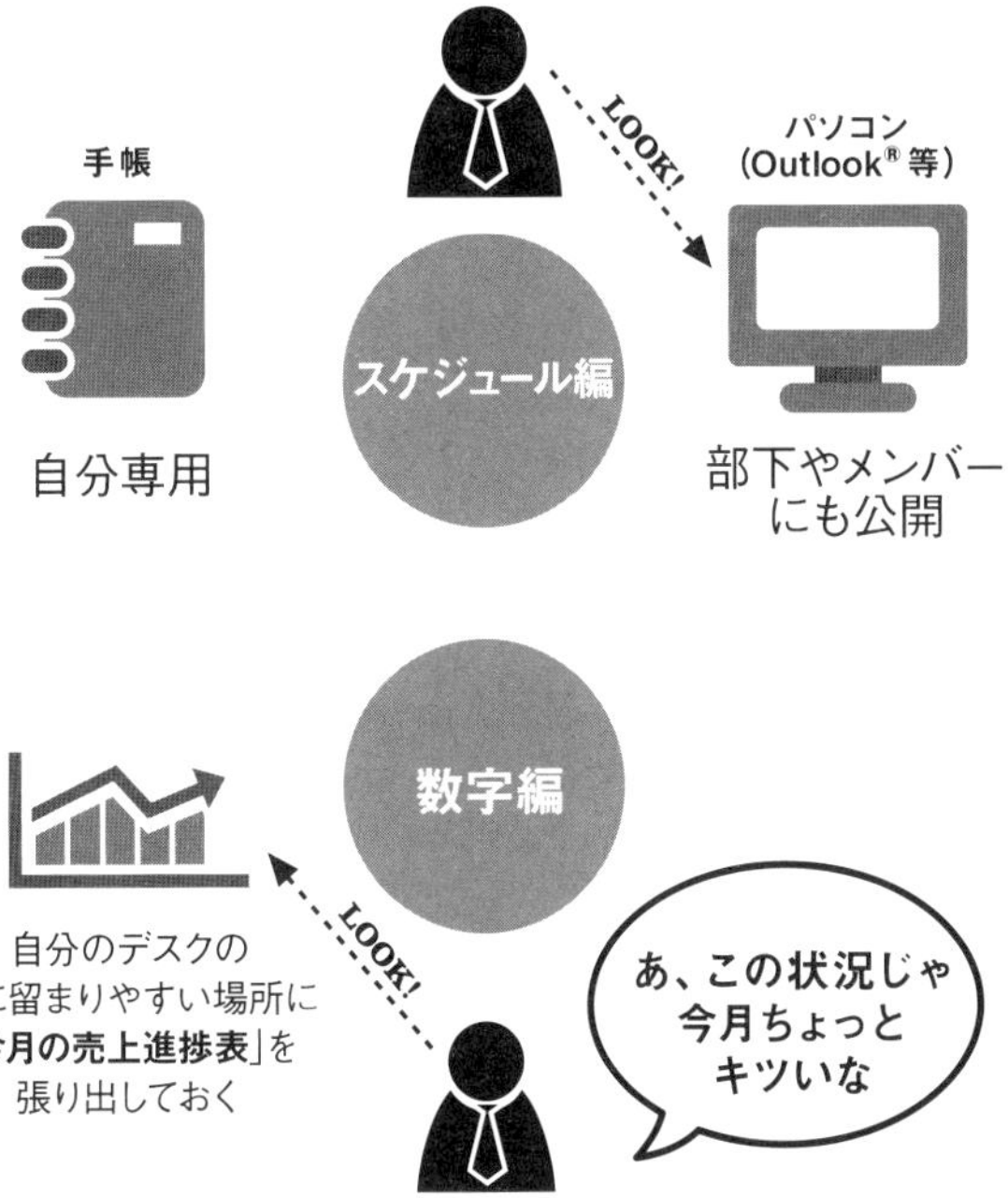
手帳
自分専用
LOOK!
パソコン
（Outlook® 等）
部下やメンバー
にも公開
スケジュール編
数字編
自分のデスクの
目に留まりやすい場所に
「**今月の売上進捗表**」を
張り出しておく
LOOK!
あ、この状況じゃ
今月ちょっと
キツいな

**出してマズくない情報は「垂れ流す」が**
**見せるコミュニケーションの基本！**

# デッドラインは「あいさつ」でリマインド可能 ―― 33

ここまでで、手帳を使ったコミュニケーションのスケジューリングについて述べました。

**①TO DOリストの作成による、コミュニケーションのタスク化**
**②スケジューリングによる、コミュニケーションタスクの可視化**
**③自分だけではなく部下の予定も書き込み、コミュニケーションタスクの精度を上げる**

スケジューリングを仕組み化できたら、次は実行も仕組み化していきます。

特に、部下やチームメンバーとのコミュニケーションという観点になると、さらなるアクションが必要になってきます――それがリマインドの仕組み化です。

部下やメンバーにスケジュールどおりに動いてもらうためには、デッドラインにバッファをとってリスクヘッジすること、そして期日の数日前にはリマインドをすると前述しました。さらにこのリマインドの効果を高めるアクションがあるので、ここで説明を加えたいと思います。

それは、あいさつとリマインドをセットにすること。

たとえば、いつもうっかり会議を忘れる上司を朝見かけたら、**「おはようございます、今日はよろしくお願いします！」**とあいさつするだけで「今日は会議なのでお忘れなく」というリマインドになります。

また、他部署に何か協力を依頼していて、立場上、催促しにくいというときは、折れるリマインドというコミュニケーションもあります。

**「おはようございます。ウチのチームの無理なお願い事で、今日明日はご負担をかけてしまうと思います。申し訳ありません」**

申し訳ないと謝りつつ、相手に明日までに何とか仕上げてほしいという立派なリマインドになっています。これなら相手に強気に出られないシマウマ型マネジャーでも使えるフレーズのはずです。

「全部一人でできたら、とっくに終わっていたのに！」と、待つのはつらいものです。しかし、リマインドを「あいさつ」というコミュニケーションに加えて、気兼ねなくしかしきちんと督促する。こんな効果的なフレーズを仕組みに持っておけば、プレイングマネジャーのストレスをコミュニケーションで軽減することができるという好例です。

# 34 デッドラインの2日前報告を仕組み化する

逆に、自分自身の仕事のデッドラインを守るためのリマインドとしても、コミュニケーションは有効活用できます。

もしもあなたの上司がとても細かい人で、何でも把握したいタイプなら、締め切り2日前に報告する習慣をつけましょう。いいえ、細かい上司に限らず、この2日前報告を自分がデッドラインを守る際の仕組みにしてしまえば、「かゆいところに手が届く」コミュニケーションで上司の覚えがよくなるばかりか、仕事そのもののパフォーマンスも上がります。

「あの企画書ですが、予定どおりお見せできるよう、準備を進めています」

こんな具合に何かのついでに報告しておくと、上司は安心してくれます。

「ウチの上司は大雑把だから、当日の持ってくるその瞬間まで、頼んだことなんかすっかり忘れている」のであればなおさらです。いくらアバウトな上司でも、その企画書が社長プレゼンに使うような重要なものだったら、2日前くらいのタイミングで進捗状況を報告することで、上司のための業務のリマインドにもなります。

「あれ、なんとか間に合いそうです」

たったこの一言で信頼関係が成り立つのであれば、コミュニケーションの効果は絶大です。ただし、立場をスイッチして、自分が部下に仕事を振っている場合、自分が上司にしているのと同じことを部下からしてもらえると期待してはいけません。相手はまだ若く、経験もないのですから、上司のほうからまずはフォローしてあげてください。

部下のデッドラインも手帳に書いて数日前にリマインドする、というのは前述の通り。廊下ですれ違ったときや何かのついでというちょっとした瞬間を見つけて軽い感じでリマインドします。ポイントは過度なプレッシャーを与えないこと。

**「順調？」「何か困ってない？」**といった具合です。

どの程度、催促するかは部下のレベルにもよります。しかし新人や、初めての仕事に取り組んでいる部下に対しては、極端に言えば**毎日マメに「困っていることはない？」と聞いてもいいくらいです。**「教えてください」と言えず、仕事が止まってしまうという困った事態だけは回避するべきです。

「部下にそこまで気を遣うのか？」と思うかもしれませんが、**部下だからこそです。**最悪の事態が起こるより、日々の5秒コミュニケーションの労力を選ぶほうが、断然よいのではないでしょうか。

# ゴールのあとの「ねぎらい」も仕組み化 35

「月曜までに必ず報告書をまとめろっていうから、土日をつぶして仕上げたのに、出社したら課長は出張でいなかったんだよ……」

若手社員だった頃、あなたもこんな思いをしたことがないでしょうか？

取引先でも部下でも、相手が仕事を仕上げたら、必ずねぎらいと感謝の言葉を忘れないこと。これも仕事における必須コミュニケーションだと私は思います。

もっとも、頼んでおいて忘れてしまうプレイングマネジャーだけに非があるとも思えません。なぜなら、部下の側から見ればそれは、「自分対プレイングマネジャー」という1対1の関係。上司から指示された仕事ですから忘れないのが当然です。しかし、プレイングマネジャーの側から見ればそれは、「自分対複数の部下」という1対複数の関係なのです。

そのためにも、部下の仕事のデッドラインを自分のスケジュールに組み込み、適切なリマインドをかけ、提出日までに仕上げてもらうコミュニケーションを仕組み化する、というのは前述のとおりです。

しかし、大切なのは、期日どおりに提出させることだけが上司の〝ゴール〟ではないということです。期日どおりに出した部下をねぎらってこそ、上司の仕事を果たしたことになります。

「このレポートのここが素晴らしかった。独創的だね!」などと、**特別なほめ言葉を用意する必要はありません。**それよりも、部下が提出した時点で**「ありがとう」「おつかれさま」**といった、**シンプルなねぎらいがタイムリーにできること**のほうが効果的だと思います。

冒頭のように出張で提出日に不在にする場合は、「今日は1日出張で会社にいないけど、メールはチェックしているから、資料ができたらメールで送っておいて」と前日に伝えることも、ある種の「ねぎらい」につながります。ついでに、上司不在でもきちんと仕上げなければと思わせることができれば、部下の気持ちもゆるみません。

なお、何かしらの不備があった場合、それは指摘しなければなりません。しかし「ねぎらい」とは「ほめる」とは異なり、**提出物のクオリティにではなく、提出したという行為そのものに向けたもの**です。こう考えれば、成果を出しても出さなくても「ねぎらう」と決めてしまえば、習慣として身につきやすいのです。

**「レポートありがとう」**あるいは**「おつかれさま」**の一言を仕組み化するだけで、部下の達成感やモチベーションを保つことが可能になるのです。

# 36 相手の「マイブーム語」を意識的に使う

「相手が使った言葉を自分も繰り返して使う」というコミュニケーション手法を「バックトラッキング」と言います。相手の動きに合わせるミラーリングや、相手の話し方や呼吸のリズム、テンポに合わせるペーシングとともに、相手との間に信頼感や共有感を醸成するためのコミュニケーション手法です。このバックトラッキングを仕組み化するヒントが、相手の会話に頻出する「マイブーム語」をキャッチすることです。

たとえば、あなたの上司がよく使う言葉はないでしょうか。一例を挙げると、私のかつての上司は一時、「アカウンタビリティ(accountability＝説明責任)」という言葉を好んで使っていました。

その言葉を使う理由は、それが私を含めた部下に対して、当時上司が一番伝えたいメッセージだったからでしょう。「きっちり数字で報告できる、あるいは何かで効果が測れるような、誰にでも説明できる仕事をしなさい」という業務アウトプットを部下に求めていたのだと思います。そのメッセージにインパクトと説得力を持たせたくて、アカウンタビリティという言葉を多用していたのではないでしょうか。

そこで、**「メッセージはちゃんと理解していますので、安心してください」**と、上司に応えるために、私は上司に報告する際は、同じ言葉を繰り返して用いていました。

「このプロジェクトの売り上げの推移は、アカウンタビリティを持たせてクライアントに説明できるよう、ファイナンスに詳細な分析を依頼しています」

このように伝えれば「自分の要求していることが何か、理解しているな」と上司を安心させ、共有感を醸成できるわけです。

相手の会話を観察し「マイブーム語」がないか探してみてください。**その言葉をうまく拾って繰り返して使うことを仕組み化できれば、相手との業務関係に進展を見ることができるでしょう。**

逆に率いる立場にある人は、もしチーム内で共有したい理念があるのであれば、それを表す言葉を使う習慣を身につけることです。嫌でもメンバーが気づいてバックトラッキングをしてしまうくらい、**会話やメールの中で使いまくる**ことです。

その効果を考えれば、印象的な語彙を常時ストックしておき、コミュニケーションの質を上げることの意義をご理解いただけると思います。

37

# どんなに忙しくても「話しかけないでオーラ」だけは出さない

部下が自分に声をかけてきたときは、たとえどんなに多忙であろうと、まずはそれを受け止め、「態度で示す」ことが必要です。

どんなに忙しいときでも、その瞬間は相手の目を見て「どうした?」と、100パーセントで受け止めることを仕組み化していただきたいのです。

本当に忙しいときはPart2で述べたとおり、「今はちょっと忙しいんだけど」と断り、「○時からだったら30分時間とれるけど、そこでも大丈夫?」というふうにフォローをします。それでも第一声の「どうした?」では、相手と完全に向き合いましょう。どんなに忙しくても、1秒で済むアクションですから、できない理由はありません。

上司たるもの、どんなに忙しくても、「話しかけないでオーラ」だけは出さないことです。これを出すと、部下は本当に声をかけることができません。そして「田島さんは相談しにくい」と判断してしまった部下とは、みるみる会話が少なくなり、やがて上司と部下とのコミュニケーション不全という不幸な結末を引き起こします。

部下にしてみれば、上司に話しかけることは勇気のいることとです。

「すみません。ちょっとご相談があるんですけど」

と部下がデスクに訪ねてきたら、ためらいを乗り越え、タイミングを計り、やっとの思いで声をかけてきたということを察してあげなければいけません。しかし、このように考えることができれば自然と「どうした？」と、明るく応えられるようになるはずです。

これに限らず、部下が話しかけやすい雰囲気を作るには、日頃からの積み重ねがものを言います。「おはようございます」と言われたら、それよりも元気な声で「おはよう！」と返す、これだけでずいぶん違ってくるものです。

プレイングマネジャーは自分の仕事で必死な部分もあるため、**自分は部下だけではなく上司でもある、という観点を忘れがちです。**

どんなに自分が忙しくとも、部下はあなたからのアドバイスを求めています。

部下から話しかけられたときには、**瞬時にモードを切り替える習慣**をぜひ身につけてほしいと思います。

# 38 コミュニケーションの「場」は会議室だけではない

「大切な話は改まった場ですべきだ」という固定観念はないでしょうか？

「話があるから会議室に来て」と言われれば、たいていの部下は緊張します。

また、上司に相談があるとき、わざわざミーティングルームに呼ぼうとすると、「えっ、会議室？　忙しいから時間がとれないよ」と断られてしまうこともあります。

一対一のセンシティブな話の場合、確かに機密性の高い会議室でおこなう必要があるケースは多いですが、むしろドトールやスタバなどでカジュアルに話したほうがいいケースもあります。

大事で深刻な話こそ、逆にカフェのような社外の場所を選ぶことで、お互い多少はリラックスした雰囲気でオープンに話ができるからです。

コミュニケーションの場は会議室だけではありません。スキマといえるような場所や時間を無駄にしないことが、実はコミュニケーションの機会としては大事であったりします。思考を切り替え、いろいろな「場」ごとのコミュニケーションを覚えて仕組み化しましょう。

## ①コーヒーメーカー前

コーヒーを注いでいる間、もしくは自動給湯マシンのボタンを押し、カップが出てきて飲み物が注がれる30秒の間、たいていの人は何もしていません。しかし、そこであいさつしたり、ちょっと話しかければ、それは立派なコミュニケーションの場となります。

単なる雑談でかまいません。「特に改まって話題があるわけではないが、**今後のために接点を持っておきたい」という相手**に対し、一見、何の役にも立たないコーヒーメーカー前の無駄話が、後々コミュニケーションしやすい土壌を作ってくれるのです。

忙しい上司を捕まえて話をしたい場合も、コーヒーメーカー前は狙い目です。上司が「席を立ってコーヒーをとりに行った……」というタイミングを見計らい、自分もコーヒーをとりに行くだけ。スモーカー激減で喫煙&雑談の習慣がなくなりつつある今、フル活用したい場といえます。

## ②エレベーター

静止している場という意味で、もっと活用したいのがエレベーター内です。

朝、上司と同じエレベーターに乗り合わせたら「**おはようございます。そういえば昨日、A**

社さんを訪問してきました！」と軽く報告してしまいます。席では緊張しがちな上司に対しても、朝のエレベーター内なら上司もリラックスした態度だったりするので、この話しかけやすい雰囲気を逃す手はありません。高層ビルであれば、ボタンを押してエレベーターの到着を待つ時間、また乗っている時間も長いので、多少込み入った話をすることもできます。

また上司のみならず、違うフロアのプロジェクトメンバーと同じエレベーターに乗り合わせたら、それはお互いに軽く進捗状況をシェアする絶好のチャンスとなります。フロアが異なるだけで、コミュニケーション量は大きく変わってくるので、こういうスキマ時間の活用は大きな助けとなります。

ただし周りに人がいるので、聞かれて差し支えがありそうな話は慎むことが基本です。

### ③廊下

部署ごとにフロアが分かれているような組織は、情報分断に陥ることのないよう、よりコミュニケーション意識を高める必要があります。

私も部署毎にフロアが異なる「情報分断の危機」にあったオフィスに勤務していたので、時折、用がなくても他部署の廊下をうろついていました。米国企業などで採り入れられている「ＭＢＷＡ（Management By Walking Around）」の自分なりの実践法です。

そして〝ばったり会った〟ターゲットに、**「○○さん！　聞きたいことがあったんですよ」**と呼び止めればＯＫ。重要な会議の1分前といった状況でない限り、**「開発スケジュール、遅れてないですよね？」**という数秒の立ち話を嫌がる人はいないものです。そして、**この数秒で収集できる情報は、案外大きいのです。**

## ④ランチ

「部下と話したいけれど、飲みに誘うのはちょっと……」というとき、ランチを使うケースはよくあります。なぜならランチは時間に限りがあり、案外こみ入った話ができないからです。したがって**ランチは「特に話はないけれど、話しやすい関係を作りたい」というときに有効です。**業務とは関係のない話で、親交を深めるにはいい機会です。

そんなとき、部下を誘うのもいいのですが、**時には上司を誘ってください。**部長クラスともなると部下も誘いづらいので、プレイングマネジャーのあなたが誘うのです。断られることもあるかもしれませんが、上司も人間、誘われて悪い気がする人はいません。

「おい、メシ行くぞ！」と、言いたくても言えない上司。「○○部長、ランチご一緒させてください」と、言い出せない部下。その間に立つプレイングマネジャーが、**「たまにはみんなでランチに行きませんか？」**と声をかければ、若手と上司の間の溝を埋める一助になります。

## 39 メールの仕組み化でパフォーマンスが2倍に！

メールとは、いまやコミュニケーションに欠かせないツールです。使い方次第でコミュニケーションを良くも悪くもします。

そして、同じやりとりでもちょっとした工夫をすることで、パフォーマンスが確実にアップしますので、ここでは私が実践していたメールTipsを紹介したいと思います。

### ①読んでほしい相手のアドレスは必ずTOに入れる

「CCで来たメールは読まない」というルールを作っている人が、意外にも多いことをご存じでしょうか？　1日に200通もメールがくるような多忙な人は、すべてに目を通している時間がありません。そこで、「CCメールというのは念のため自分にも来ているだけで、誰かがちゃんと読んでいるだろう」と判断し、自分の宛名がCCで入っているメールはスキップしてしまうのです。

ここを踏まえて、「絶対読んでほしい」相手のアドレスは、必ずTOに入れること。メール本文でも「田島弓子様」というように、名前を明記するクセをつけましょう。

また、部署全員にメールをするといった場合は、部長、本部長クラスは一人ひとりのアドレスをＴＯに入れ、そのほかの人たちはグループアドレスをＣＣに入れるといった「差」をつけてあげるのも、上司を立てるという、ちょっとした気配りと言えます。

## ②ＣＣは効果を考えて使い分ける

通常のお願いごとメールに、あらゆる関係者を巻き込んだＣＣを入れると、お願いした当事者に「なぜ、こんなにたくさんの人に知らせる必要があるのだろう？」と警戒されてしまいます。「言質をとっているのか？」などとあらぬ誤解を招かないためにも、最小限のＣＣを入れる、もしくは口頭でお願いに行くようにしましょう。

逆に、たくさんＣＣを入れたほうがいいケースは、大きく分けて２つあります。

１つ目はトラブルが生じている相手とのやりとりで言質をとりたい、関係者各位に事情を共有してほしいとき。

２つ目は、誰かが良いパフォーマンスをして、それをほめるときです。**関係者やその人の上司の上司までＣＣに入れて感謝の言葉を伝えれば、ただほめるよりも相手に気持ちが伝わります。**

## ③依頼案件は、箇条書きでまとめる

メールの文章術の本もたくさんありますので詳しくは述べませんが、コミュニケーションという観点でも、わかりやすいメールを書けることは大切です。

文章には自信がない人も、確実にメッセージを伝えられる簡単な方法が、箇条書き。あいさつ文や進捗状況などをひととおり書いたら、必ずやってほしい依頼案件は箇条書きで並べておきます。次の2つの例を比べてください。

**Ⓐ「……というわけで、お忙しいところ恐縮ですが○○の協賛金の件、○月○日までに、二口ほどお願いできれば幸いです」**

**Ⓑ★○○の協賛金……○月○日締め切り、最低二口。**

Ⓑのほうがよりダイレクトに伝わることはすぐおわかりでしょう。もちろん、Bの前に書く本文はていねいで心を込めたものがいいのですが、「ここはきっちりお願いします！」という点は、ビジネスライクな箇条書きのほうが、意図が明確に伝わります。

## コミュニケーションを円滑にする メールのルール

①読んでほしい相手はToに入れる

②Ccは目的を考えて入れる

To　営業二課 田島部長
Cc　経理部 山本部長 , 営業一課

---

件名　○○の協賛金の件

---

③冒頭はていねいかつ心を込めて

おつかれさまです。
営業一課の佐藤です。
進行中の○○プロジェクトでは
二課の皆様のご協力
大変ありがとうございます。
協賛金の件ですが、
以下のとおりよろしくお願いいたします。

・○○の協賛金……○月○日締め切り、最低２口
・経理部山本部長に金額を事後報告とのこと

④依頼案件は、箇条書きでまとめる

------------------------
△△商事
営業一課　佐藤久
内線○○○○

# PART 4

# クセモノ&苦手な人対策「問題解決コミュニケーション」

苦手な人、困った人、やりにくい人とのコミュニケーション。

そんな自分にとっての難しい相手である**〝クセモノ対策〟**について、part4では書いていきます。

なぜなら〝クセモノ対策〟こそ、仕事を通じて多くの人と対峙している**プレイングマネジャーの仕事のキモ**だからです。

人間のあたりまえの心理として、親しい相手や仲のいい人、もしくは信頼している人であれば、コミュニケーションをとることに何のストレスも感じません。

逆に言うと、苦手な人やとっつきにくい人は、コミュニケーションをとることにストレスを感じるため、**無意識のうちに敬遠してしまう**のです。

プライベートなつき合いであればそれでも問題は少ないでしょうが、〝クセモノ〟たちとコミュニケーションしなければならない場面は必ずあります。彼らと組まなくても仕事が回るのであればラッキーですが、現実問題、そのような都合のいい話はそうそうありません。だからこそ、〝クセモノ〟とのコミュニケーションは業務遂行上、非常に重要になるわけです。

あなたにも〝クセモノ〟がいるのではないでしょうか。

伝書バトとなって自分の意見を持てない部下。折り合いのつけにくい他部門のプロジェクトメンバー。自分より年上の優秀な部下など、困った相手、やりにくい相手がいるでしょう。「朝令暮改の上司」や「鬼軍曹系上司」といった〝クセモノ上司〟にも苦労しているかもしれません。

そんな〝クセモノ〟たちとのコミュニケーションのキモは、**時間をかける**こと、**感情を排する**こと、**時には〝不甲斐ないほど〟下手に出る**ことさえ必要です。しかし、いよいよという時には**ケンカも辞さない覚悟も**いります。とはいえ、シマウマ型マネジャーであれば、むしろその特性を活かし、「クセモノたちをこれ以上クセモノにしないためのコミュニケーション」がとれるはずです。ぜひ粘り強く取り組んでいただきたいものです。

なお、〝クセモノ〟のバリエーションとして、当時私が実践していた、**英語での外国人コミュニケーションのコツ**も何点かコラムとして巻末に紹介しました。ニーズがある方は、こちらもぜひ参考にしてください。

## 40 伝書バト部下を育てるのは、「解きほぐし」コミュニケーション

「自分で考えて動いてくれない」「教えてもなかなか覚えない」「厳しく叱るとへこんでしまう」という部下の悩みを持つプレイングマネジャーは多いのではないでしょうか。

部下のA君は、最初は自分では何も考えないタイプの典型でした。

「この販売プランをお客さまに持っていって、『イエス』の返事をもらってくるように」と指示すると素直に「わかりました」と従います。

しかし、クライアントから「こんな価格設定のプランでは、ウチには無理だよ」と言われると、その際も「わかりました」とあっさり引き下がってしまいます。そして、「あの～、お客さまに、こんなプランは無理だと言われました」という報告だけが返ってきます。

伝書バトのように、上司とクライアントの間を往復し、意見を運んでいるだけなのです。

しかし、この状態でA君を叱っても、「僕は言われたとおりに動いているのに……」と、叱られている意味を理解できないでしょう。

そこで、「無理だというお客様をどう説得するかを考えるのが、担当の仕事だろう」とA君に説くのはいいとしても、そこで放置してはまた同じことの繰り返しになります。

言われたとおりに動くことが仕事だと思っているA君ですから、どう自分で考えればいいのかわからないのです。この状態を長く続けると、双方の板ばさみになるばかりで、A君は自信を失ってしまうかもしれません。

このような**伝書バトA君にまず必要なのは、上司の「解きほぐし」のコミュニケーションです。**コーチングでは「チャンクダウン（魂を崩す）」と呼ばれている手法です。

自ら考える力を養うために、実際のクライアントとの会話をひとつひとつ振り返りながら（解きほぐす）、どこで「（自分の）思考」をはさんでいくべきなのかを、A君に気づいてもらうのです。

**部下「すみません。お客さまに、今回のプランは無理だと言われました」**
**上司「えっ、なんでお客さまは、無理だと言ったの？」**
**部下「価格設定が、ウチには無理だよということでした」**
**上司「どうしてその価格設定は、無理なのかな？」**
**部下「お客さまの考えていた予算より高かったみたいです」**
**上司「お客さまの予算がどれくらいなのか、伺ってみた？　ウチの見積もりと、お客さまの予算を比べてみてどうだった？」**

部下「それは……」

こうした質疑応答を、根気よく、ていねいに積み重ねていくことで、クライアントに無理だと言われたときに「なぜ無理なのか→相手の予算はどうなっているんだろう?」と、自分で考えるポイントがわかるようになってきます。

実にまどろっこしいやりとりだと思われるでしょうが、実際まどろっこしいのです!

しかし解きほぐしとは、時間をかけなければできないものです。特に、若手部下の指導においては、一番上司が時間をかけるべき業務であるともいえます。部下も、なぜ上司はこんなに解きほぐしに時間をかけるのかを自ら体感することで、自分で考えることの重要性を納得してくれるはずです。

この際に注意したいのは2点。

まずは時間がかかることにイライラしないことです。上司がイライラしてしまうと、部下は緊張してしまい、ゆとりを持って振り返ることができなくなります。

もう1点は、部下が気づきを見つけたときは、「そう、それを次回の打ち合わせではその場で確認すればいいんだよ」とアクションにつなげてあげることです。

私の場合、このような部下には、毎日夕方30分は「反省会」と称して、1対1の時間を確

## 伝書バト部下には、上司の「解きほぐし」のコミュニケーション

「すみません。
お客さまに、今回のプランは
無理だと言われました」

「えっ、なんでお客さまは、
無理だと言ったの?」

**解きほぐしの注意点**

**①上司はイライラしない**
**②部下の気づきをアクションにつなげる**

保して、解きほぐしを1カ月は続けていました。短くても30分、気がつけばついつい2時間……ということもありました。

## 「この人を育てるために、時間をかけよう」

上司が腹をくくれば、部下は伸びます。

そして上司はイライラせずに、部下の話を聞き、ゆっくりと解きほぐす態度で臨む。そうすれば、部下にも上司の気持ちが伝わり、少しずつ自分で考えて動くことを理解していきます。

いささかビジネスライクに響くかもしれませんが、時間を投資しただけの見返りは十分得られるはずです。解きほぐしは、結果として〝費用対効果〟が高い方法なのです。

# 41 プライドの剣には、ロジックの盾で返す

質問せずに、すべて自分の判断で進めてしまう——自分に自信がある部下の特徴のひとつ。

このタイプは自分には経験もスキルもあるからと、上司や先輩に相談せず、「自分流のプラン」で突っ走ってしまう傾向があります。またそれとは別で、インターネットなどで得た知識を経験と勘違いし、それだけで業務はこなせるものだと思っている若い社員も見受けられます。

それでも彼らの思惑どおりに運べば問題はないのですが、ほとんどの場合、勘違いや思い込みがあり、上司が修復しなければならないトラブルが生じます。問題なのは、これがトラブルに陥ってからでないと発覚しないことです。

たとえば上司からの指示を早合点して指示を取り違えるといったことです。

月末の売上報告の際、目標値にまったく届かない数字を平然と提出してきた部下がいました。部署全体のノルマがアップしたので、「あなたの売上トータルをプラス5%にしてください」という指示があったにもかかわらずです。

よく聞いてみるとその部下は、「今期中に、自分の売り上げのトータルをプラス5%にする」

と指示を勘違いしていました。

彼は頭の回転も飲み込みも早く、指示に対しても「はい、わかりました。○○日までにご報告します」と答えるソツのないタイプ。それに安心して放っておいた上司にも責任があります。

**自分を「できる」と思っている部下は、基本的に自分から確認したり相談してこない。**

この心構えで、上司のほうから折にふれて指示確認のコミュニケーションをおこなうことが必要です。ここでのポイントは口頭での確認だけではなく紙に残す、リマインドメールを送るといったログ（記録）を残しておくことです。

なぜなら、プライドが高い部下は、最初から「○○しなさい」と頭ごなしに細かく指示をされることを好まないので、反発を抱くことがあるからです。

また、「あのとき指示したでしょう」「いや、聞いてません」といったやりとりは水掛け論ですし、このタイプの部下は「言った・言わない」で争うことを嫌います。

こんなときに、メール等の「ログを残す」ツールでリマインドをかければ、メール好きの若い部下に自己チェックさせるきっかけになります。それでも勘違いして暴走してしまったとき、**「このメールにあるとおり、あなたにリマインドしたよね？」と冷静かつロジカルに指摘すれば、**イヤイヤながらでも、非を認めてくれます。プライドの剣には、ロジックの盾が一番です。

# 42 年上の部下とうまくやる「マイルドな理詰め」

**コミュニケーションとは、感情のやりとりではない**――これはまだ管理職になって間もない頃の苦い経験を通じて、私が学んだセオリーでもあります。

年上の部下だったBさんは、仕事もできる上に業界経験が大変豊富な方でした。それがよくわかっていたがゆえに、「女で年下だからと、なめられてはいけない」と、必要以上に気負った対応をしてしまっていました。

自分のやり方をゴリ押しするような指示をし、日々の進捗状況も細かくチェックしてと、Bさんから見れば相当なマイクロマネジメントだったことでしょう。私が上司になって数カ月後、Bさんは出社するとすぐに外出してそのまま直帰、何をしているかの報告も一切なしという関係不全に陥ったのです。

若手部下と同じマネジメントをBさんにもあてはめようとしていたことが、彼のプライドを傷つけたのでしょう。何とかコミュニケーションをとろうと話しかけても、冷たい態度で最低限のことを報告してくれるだけとなり、そもそもシマウマ型上司だった私は「あれっ、シカトされてる?」と思い悩むこととなりました。

この経験は新米上司であった私に「コミュニケーション不全」の怖さを教えてくれました。上司→部下のコミュニケーションとは「上から下へ」の画一的なものではなく、ときには「下から上へ」と、部下のタイプに応じて応用を利かせなければうまくいかない関係もあるのです。「気合い」などの精神論的部分を含めた若手向けのコミュニケーション。これと同じ方法だけで、Bさんをマネジメントするのは間違いだと悟り、「マイルド＋ロジカル」をキーワードにしたBさん向けコミュニケーションが生み出されることになりました。

まず若手部下と同じマネジメントを改め、ベースは相手主導（マイルド）で。時には「下から上へ」の変化球を織り交ぜる。ただし、関係がなあなあにならないよう、コミュニケーションの軸は「ロジカル」であることを心がけました。

そして「上司」と「部下」へのこだわりを排除し、「Bさんには経験とスキルがある」という事実にフォーカスしたこと。こだわりというのは多分に感情に左右されるものですが、事実だけを見ていけば、自然とチームにおけるBさんの役割——高い経験値で的確な意見を述べられる——が見えてきます。そこで、その強みを意識したコミュニケーションを、さまざまなシチュエーションでとることにしました。

たとえば、ミーティングのときには必ず「Bさんはどう思いますか？」などと意見を求めて、彼の強みを発揮できるような場を創り出し、「Bさん＝ご意見番」といったポジションをB

**さん自身に意識してもらうようにしました。**

こうして2人の関係を「年下の上司と経験豊富な部下」から、「チームのリーダーとそれを支えるご意見番」という新たな関係構築を目指そうとしたのです。

しかし上司である以上、ときにはBさんに指示をし、報告を受け、最終的には査定もしなければなりません。この点については、仕事の進め方自体は基本、Bさんのやり方に任せ、私は**デッドラインと数値目標にフォーカスして管理する**ことにしました。つまり、Bさんとのディスカッションのポイントはすべて客観的指標に基づくものにしたのです。

目標までどの程度進んでいるかのマイルストン管理がお互いに明確になれば、それを詰めていくだけで〝叱る〟ことは不要になります。

**「今月は数値目標に届いていないようですが、特にこの部分の売り上げが足りていませんね。Bさん、どうしましょうか？」**

話す内容はあくまで客観的事実だけをベースに。ポイントは「やり方は任せる。結果のみに口を出す」という点です。業務である以上、与えられた期日までに結果を出す必要があるのは経験豊富なBさんもわかっているので、そこに口を出されても文句のつけようがありません。また、数字という客観的なものにフォーカスしているので焦点がぼけません。その際の態度は相手を責めるのではなく、できるだけ淡々と。これが「マイルドな理詰め」です。

# 43 他部署には「落としどころ持参」でアプローチ

プレイングマネジャーにとってコミュニケーションの相手は、上司と部下だけではありません。横のつながり、すなわち他部署といかに連携プレーをしていくかも、仕事力の見せどころのひとつ。たとえば社をあげた新製品発売や、トップクライアントとのアライアンスプロジェクトなどでは、部門間連携による「横串の仕事」が生じます。

部門間協業とは、平野敦士カール氏が『たった一人で組織を動かす 新プラットフォーム思考』で提唱されている、これからのビジネスに必要なプラットフォーム戦略の一形態と私は理解しています。そこには「他人の価値観や考え方を受容し、他社の社員や自社の上司、部下など、周囲の多くの人を巻き込んでいくことで、自分が持てる力の何十倍の成果をあげ、プラットフォームを成功に導いていくリーダー」が求められるとあります。これはまさにプレイングマネジャーに求められる資質ではないでしょうか。

「横串の仕事」というのは、社内とはいえたいていの場合〝やりにくい仕事〟です。同じ社の人間であっても、部署が違えば仕事の進め方も文化も違います。それどころか担当製品が異なるために社内競合になっているなど、利害の一致しない部署すらあります。そんな他部署と調整を重ねながら進めるより、自分の部署のやり方で、自分のチームだけでやったほうがスムーズだと思うのが普通でしょう。

お互いにそう考えている複数のチームが、いきなりトップダウンで共通目標を持たされるのですから、他部署との調整の窓口になるであろうプレイングマネジャーに必要なのは、他部署の立場でそのプロジェクトを見ること。そして時には他部署の仕事にも積極的に協力できる、「プロジェクト俯瞰《ふかん》力」と「根回し、場回し」のためのコミュニケーションの技術です。

特に大事なのは、プロジェクトの滑り出し時。本プロジェクトに対する他部署の立場や思惑を理解することです。

その際に役立つのは、あらかじめ落としどころを用意した上で、自分から相手チームのプレイングマネジャーに相談に行くコミュニケーション。

このとき、話をする相手が同じプレイングマネジャーということに意味があります。マネジメントと現場の間にいるプレイングマネジャーだからこそ、双方の立場に立った最適な落とし所を知っているからです。そして相手のプレイングマネジャーと手を握ることができれば、後は現場への指示をその人に任せることができます。

先方に出向いた際、私はいつもこう切り出していました。

「今回はよろしくお願いします、ただ本プロジェクト、正直キツいところありますよね」

「正直キツい」と相手が言いたい言葉をこちらから先に口に出すことで、当方に対する警戒の垣根を下げ、本音や不満を打ち明けてもらえる効果が期待できます。

「そもそも上は、このプロジェクトを始動させる前に、製品のカニバライズ（共食い）の検証をしてないのがおかしいんだよ。これまでは、ウチの部とおたくの部がかぶっていないからうまくいっていたのに、このプロジェクトこのまま進めたら①ウチが損するだけだし、②現場からも納得してもらえないよ」

これはあくまで一例ですが、このように具体的な不満や問題点を吐き出してもらえれば、「売り上げで迷惑をかけてしまうぶん、他の部分で協力できることがないか」という落としどころのポイントが見えてきます。

たとえば営業資料作成や、クライアント訪問の際には自分の部署の営業を同行させて、細かい説明はこちらが担当する。このように、できることは積極的に手伝って相手の負担を軽くするといった、落としどころの具体策を提示することができるはずです。

また、売上的な貢献はゼロでも、他部署の仕事に協力することが評価につながると相手の現場スタッフが実感できるよう、評価対象になることの同意を双方の上司にとりつけておく。そうすれば、相手のプレイングマネジャーにとっても「部下に示しをつけることができ、納得して動いてもらう」流れにつなげることができるはずです。

相手も同じプレイングマネジャーですから、落としどころを作って誠意を示せば、こちらの意向を理解して、歩み寄りの姿勢を見せてくれる可能性が高まります。

こういった落としどころを作ることは、プロジェクトを成功させるためだけではなく、少しでも相手に気持ちよく動いてもらいたいという、**こちらの気持ちを示すこと**でもあります。

こうして**双方のプレイングマネジャー同士が、水面下で話をつけておけば、**たとえ現場で部下同士が小競り合いになったとしても、連携プレーは乱れにくくなるのです。

一方、自分の部下にも、このプロジェクトのために他部署が売り上げを下げてでも協力してくれることを伝えましょう。そしてこちらが譲る落としどころについても、「なんでウチのチームがここまでやらないといけないんですか！」などと反感を抱くことがないよう、部下に理解を促すことも忘れないでください。

人間的に仲良くなる必要はありませんし、「プロジェクトが終わればさようなら」という関係でもかまいません。しかし、共にやっている間はビジネスに必要最低限の信頼関係を、なんとしてでも確保すべきです。

44

# 「人の部下」に、直接コンタクトしてはいけない

部門間協業による〝横串の仕事〟が増えようと、部署間の垣根が低いオープンな社風であろうと、プレイングマネジャーが気をつけなければいけないのは、**人の部下に直接コンタクトしてはいけない**ということです。

たとえば、クライアント向けに新製品発表会があるとします。あなたは営業部のプレイングマネジャー。しかし新製品の資料やプレゼン内容は、開発部が作ったデータがないと完成しません。そこであなたは、懇意にしている開発の新製品担当者Aさんに、「来月の発表会で使うプレゼン資料のデータだけど、今週中にまとめてもらえないかな？」と直接頼む――これは、典型的なNGパターンです。

なぜなら、Aさんには Aさんの上司がいます。彼もしくは彼女の指示に従って動いているのです。

あなたが新製品担当のAさんと懇意だとしても、Aさんはあくまで「人の部下」。たとえAさんが了承したとしても、Aさんの上司にはそれより先に処理してほしい案件があるかもしれない。つまりあなたの配慮を欠いた指示が、他部署の業務に支障をきたすかもしれないの

です。

そこまでではないにしろ、Ａさんの上司は内心では面白くないのが普通。「なんで上司の私を飛ばして、あなたがＡに直接指示を出すんですか？」とあなたの行動を不快に思うかもしれません。

また、指示系統が崩れると、担当者自身が「営業課長とウチの課長、どっちの言うことを聞けばいいかわからない」と混乱をきたす恐れもあります。

したがって、あたりまえのビジネスルールではありますが、**他部署の人に仕事を頼む際は、まずはその人の上司に話を通すべきなのです。**いちいち面倒？　いいえ、むしろ先方の上司と先に手を握っておけば、自分の仕事の優先順位を上げてもらえるかもしれません。

先方の上司と手を握れていれば、後は直接のやりとりでも問題にはならないでしょう。しかしそういった場合でも、メールでのやりとりの際には、必ずその人の上司もＣＣに入れておくといった細かい配慮が必要です。

さらに、担当者への指示とは別途、「そちらのＡさんに、月曜までに資料の手直しをお願いしました。おかげさまで順調に進んでいます」と報告するのも、**相手上司の顔をたてながら、かつ相手へのさりげない感謝を伝えるための工夫です。**

45

# やりにくい相手には「不甲斐ないほど」下手に出る

## 「社内コミュニケーションにこそ、何よりも心を配るべきである」

これは私の持論ですが、社内の人とは接する時間も長く、関係も長期にわたるのですから、あながち間違いではないと思います。

取引先、クライアントといった社外の人であれば、利害関係がクリアなので感情を抑えることも、ビジネスライクに接することもできます。プロジェクトの終了や配置転換で、縁が切れることもしばしばです。

しかし相手が社内の人であれば、なかなかそうはいきません。

たとえば前項で挙げた部門間協業――お互いの利害が一致していない、したがって時に先方はこちらの提案に納得できていないし反感も感じている――こんな相手との調整は気が重いものです。できれば、正面から自分のやり方を主張したくなります。私自身の経験でも、部内であれば1回の会議で済むところを、他部署とは、彼らの抵抗感を少しずつ解きほぐすために3回会議をおこなって、ようやく了解をとりつけるといったケースはよくありました。

**パターンA**

**「今回の販売キャンペーンは、このプランに基づいて、そちらにも動いていただきたいので、ご協力よろしくおねがいします！」**

逆の立場に立って考えてみるとわかります。そもそも相手に抵抗感がある場合、このような正論をストレートにぶつけるコミュニケーションでは、間違ってはいないことは頭では理解できても、感情の部分でカチンときてしまうものではないでしょうか。

では、この表現はどうでしょう？

**パターンB**

**「今回の販売キャンペーンですが……まずこのプランをレビューいただけるでしょうか？できれば今回はこのやり方でご協力を願いたいと思っていて、そのために、まず○○さんのご意見をいただきたいと思っています。」**

パターンAとパターンBを比べてみてください。

パターンBを見て、「仕事なのに、そこまでへりくだる必要があるのか？」という不甲斐なさに似た印象を抱く方もいるでしょう。

しかし、それはあくまで自分の感想にすぎません。相手の話を聞いて、相手の状況や立場を理解することだけがコミュニケーションではありません。そこからどういう言葉を自分が発して、それで相手が動いてくれるか否か。相手のリアクションを引き出せてはじめてコミュニケーションの成否が測られるわけです。

そこで、パターンBというわけです。自分にとっては「不甲斐ないくらいのコミュニケーション」でも、相手にとっては「まあ、だいぶ折れてきているから、しょうがないな。ちょっとは言い分を聞いてやるか」という気分になります。こちらの話に耳を傾けてくれれば、ビジネスコミュニケーションとしてはパターンBが正しいことになります。

自分にとっては「不甲斐ない」でも、相手にとってはちょうどいいこともある、ということはあります。これは部下をつい叱りすぎてしまわないためにも、有効な意識づけです。

もし、利害が一致しないなど、やりにくい相手と仕事で組まねばならないのなら、ぜひ「不甲斐ない」コミュニケーションを試してみてください。

自分で「不甲斐ないなあ」と思うその感情を指標として、やりにくいコミュニケーションの方法論にしてしまえばいいのです。方法論であれば、不甲斐なく感じられるコミュニケーションも、割り切ってできるようになります。その結果、相手に想定以上に居丈高《いたけだか》に出られてしまったら、次回はもう少しストレートな表現に改めるなど、相手に合わせてさじ加減を覚えていけばいいのです。

**ビジネスコミュニケーションとは自分の言いたいことを伝えるためのツールではなく、あくまで仕事の目標達成のためのツールです。**

そう考えれば、不甲斐ないコミュニケーションとは、むずかしい相手に納得してもらうための一手段。これによって、あなた自身が不甲斐なくなることもなければ、プライドが損なわれることもありません。むしろ**「人を巻き込んで結果を出せる人」という評価を得るでしょう。**

# 46 1対1なら、時にはケンカしてもいい

社内の人間関係というのは、さまざまな人の「思惑の網目」で構成されています。「今回はAさんが正しいと思うけれど、Bさんの手前、Aさんの味方はできない。だからといってBさんの側につくと、部下の信頼を失うし……」

良い・悪いは別として、まわりに「自分を見ている人」がいる以上、しがらみが生じて本音が言えないことはあるものです。

特にプレイングマネジャーの場合は、基本的に上司と部下という2種類の「自分を見ている人たち」を抱えています。そこに他部門も加わると網目はさらに複雑になります。

やりにくい相手がコントロール不能となり、もはや下手に出るコミュニケーションまでもが機能しなくなることもあります。そんなとき、部下の前でうっかり折れては、それが正しいことだとしても部下の理解を得られないこともあるでしょう。周到に下手に出ることと、うっかり折れることは、まったく違うものです。

そのようなとき、小競り合いはもうやめて、根本的に解決したい――ならば正面切ってケンカをしたほうが解決につながることもあります。

**ケンカの基本は1対1。**なぜなら、お互い思惑の網目からはずれ、「自分を見ている人」がいない状況になると、人は本音を言えるようになるからです。

関係者が集まったミーティングだと、お互いに立場があるために、譲れなかったり意固地になっていた部分が、2人きりでパーソナルな雰囲気になると、ふっとほどけるのです。

そこで、勇気を出して**「ちょっと2人でお話させてください」と、正面からアプローチしましょう。**2人だけになれる場所を選ぶことが大切です。1対1で真剣に話すとなれば、よほどの慎重者でない限り、相手も本音で話してくれます。

ここでいうケンカとは**「腹を割って話すこと」**です。**部門は違えど同じ立場のマネジャー同士、困っている点を正直にぶつけたり、逆に泣きを入れてみると案外、柔軟に話ができます。**相手も立場がさせているだけのことで、好きで突っ張っているわけではないのです。

対立構造があるかに見えた相手でも、2人きりになって話してみたら、「なんでこうなっちゃったんだっけ？」と拍子抜けするほどフランクになり、その後の仕事がスムーズになったという経験が私にもあります。

プレイングマネジャー同士であれば「いろいろあるけど、お互い仕事だし、なんとかやろう」という双方の落としどころを目指したいもの。「雨降って地固まる」です。

# 47 とっつきにくい人には「プロ意識」に訴える（真摯に甘える）

今となっては誤解もはなはだしいのですが、私は一時、エンジニアや開発者といった専門職に対して、集中力を必要とする業務内容だからでしょうか、「とっつきにくい」という苦手意識を持っていたことがありました。

しかし、彼らはとっつきにくいのではなく、仕事に対するプロ意識が高いから単に仕事に集中しているだけ。それを勝手に「とっつきにくい」という先入観だけで見てしまったのです。ひとたび先入観を捨てて信頼関係を築くことができれば、彼らは仕事を助けてくれる大変心強いパートナーとなります。

ここではこういった「とっつきにくい意識」を排除&克服するための**「プロ意識に訴えるコミュニケーション」**について、私が試みていた方法をステップを踏みながら説明します。

**ステップ① 自分を認識してもらう**

忙しい彼らに最初から「ランチに行きましょう」などと踏み込むのはあまり歓迎されません。

狙い目は**会社が企画した業務範囲での懇親会等の飲み会**です。

そこで「営業の○○です。飲んでますか?」と、軽くあいさつしながら接近します。**自分の顔を覚えてもらうこと、克服したい相手をオフィスとは違った場で観察することが目標、**くらいの意識でいいでしょう。

**ステップ②「知り合い感」を醸成する**

距離感を間違えると単に業務の邪魔になる——これを肝に銘じて**ステップ②**に進みます。たとえばミーティングの前後の時間を利用して、**「先日の懇親会、おつかれさまでした。あの後、ちゃんと帰れましたか?」**とアイスブレイク。少しずつ先方に自分を覚えてもらうため、相手との距離を縮めるためのワンフレーズを繰り返します。相手のデスクの側を通ったときには、必ず「こんにちは」と声をかけたりと、**「知り合い感」を醸成してください。**

**ステップ③ プロ意識に訴える(真摯に甘える)コミュニケーション**

顔見知りという関係まで高めることができれば、いよいよPart2の即効フレーズで述べた**「すみません! ちょっと困ったことが」**が活用できます。こちらの窮状を真摯に訴え、**相手の専門スキルとプロ意識に全面的に頼る姿勢で臨みます。**

## ステップ④　後フォローでさらに関係を深める

これもPart2で紹介した「ありがとうございます＋さすが（プロ）ですね」で締めくくりましょう。その後も「助けてもらったら終わり」ではなく、クライアントの後日談を「情報」として提供すれば、彼らにとっても経験の蓄積となりますし、自分が関わったクライアントとして当事者意識を感じてくれるはず。

こうして、クライアントを媒介に信頼関係を紡ぐことができれば、彼らのスキルや知識を自分の業務に活かしていけるのではないでしょうか。

# 48 提案は「タイミングがすべて」

あなたには人に話しかける際、ベストなタイミングを図ってアプローチしているでしょうか。会社に勤めていた頃、〝玉砕シーン〟を目にすることがありました。上司の席に行くのはいいのですが、ことごとく当たって砕ける人がいるのです。

たとえば、「明日のミーティング用の資料をまとめました。チェックしていただけますか？」と上司に持っていくと、チラッと見た瞬間に「ちゃんと先日のフィードバック盛り込めているんだろうな！」と冒頭から詰められてしまう人。

あるいは「すみません、実は私、とんでもないミスをしてしまいまして、そのご報告を……」と切り出したとたん、理由も聞いてもらえず頭ごなしに叱られる人。この**〝玉砕する人たち〟に共通するのは、上司の席に乗り込むタイミングの悪さ**のように見受けられます。

皆さんは、普段から上司の様子をどれくらい観察しているでしょうか。

「たぶん、今の電話は役員からの直電だ。会話が重そうだったから、面倒な話をされたんだろう。機嫌はあまりよくないに違いない」

腕組みして下を向いてしまったり、ＰＣに向かって急に作業をし始めたり、こんなときは誰からも邪魔されず、自分の業務に集中したいとき。

上司だって自分の仕事に集中したいときもあります。そんなときに部下が急に席に乗り込んで行っても、上司は身を入れて部下の話を聞くことができないでしょう。自分の仕事も緊急事態、ついつい感情的になってしまうことも致し方のないことです。

つまり、上司へのアプローチはタイミングが命。上司に限らず提案を通したいのであれば、相手のベストタイミングを狙っていくことが成功のキーといえます。

自分に時間があるとき、あるいは企画書が書き上がった勢いで上司のもとに行ってしまうのでは、まったく〝提案のタイミング〟を意識できていません。企画書提案の際には、アクションリストの中に「上司への提案時を決める」を含めておいていいくらいです。早ければいいとは限りません。

1に観察、2に観察。上司の様子をよく見ることです。「今なら部長は余裕がある。悪い話も冷静に聞いてもらえそうだ」というときに話せば、上司も聞く耳を持ってくれます。企画提案をするならば、あらかじめ上司との1対1のミーティングを設定しておけば、上司自身も心積もりができるでしょう。

相手に何かを訴えたいときは、相手のベストタイミングで。これが成功の9割を占めると言っても過言ではありません。

# 49 「朝令暮改上司」の指示は2、3日寝かせてみる

走り始めたプロジェクトの進捗を報告しに行ったら「ここの部分、××にしたほうがいいよ」と、今となっては変更困難な指示が飛んでくる。

急に呼ばれて席に行くと「やっぱり必要なのは○○の実施だと思うんだ、企画書書いてくれる？」と突然新しい仕事が降ってくる……。

「企画書見せたときには△△で、上司自らGOを出したのに……」「え～、今の業務でパンパンなのに、新しい企画書なんて手が回らない！」

このような「朝令暮改型」上司の矢継ぎ早の指示に振り回されて弱っている、という相談を受けることがあります。

プレイングマネジャーともなると、さらに事態は複雑です。

「部長の指示でプランAからBになったので変更して」と、1回くらいの変更であれば、まだ部下もなんとか調整してくれるでしょう。しかし、調整してようやく動き出したとたん、「やっぱり部長がAにしようって言っているから、もう1回Aでやり直して」ということになれば、上司と部下の板挟みになるばかりか、あなたに対する部下の信頼も揺らぐことになりかねま

せん。あなた自身が〝伝書バト上司〟になってしまっては問題です。

こんな「朝令暮改型」上司、私の経験で言えば、頭の回転が速く、アイデア豊かな人が多いようです。

**「頭の中でひらめいたアイデアを、忘れないうちに誰かにしゃべっておきたい」という衝動で部下を呼び出してしまうのです。**もちろん、悪気などありません。

しかも、その瞬間は本気ですから「すぐやったほうがいい」などと言うので、部下にとっては「指示」に聞こえても致し方ないでしょう。「じゃあ、すぐにやらなきゃ！」と、かつての私もそれを額面どおり受け取ってしまい、いつも慌てていました。

しかし当の本人は、部下に話したことで安心して、その後はすっかり忘れている、なんてことも。部下が機敏に反応して「Bに変更しました」と報告すれば、「そんなことを言ったっけ？私はAでいくつもりだったよ」などと返され、「A→B→やっぱりA」といった具合に、結果、朝令暮改になってしまうことがあるのです。

そこで**「アイデアを言っているだけかも」と感じたら、大胆にもその指示をいったん寝かせ、2、3日様子を見てみましょう。**寝かせているうちに特に反応がなければ、「ああ、やっぱりアイデアを話していただけだった」と見極められたことになります。

また、自分の部下が呼ばれて直接ポンポン言われていたら、「まだ、やらなくて大丈夫」と

## 「朝令暮改」の上司の指示は、あえて2、3日寝かせてみる

このA案、やっぱりB案がいいんじゃない？
B案に変更しました！
え？ そんなこと言ったっけ？ これはA案でいくけど
そ、そんな……
上司は「思いつきでものを言う」ときもある。（アイデアを誰かに話したいだけかも）
ただし、本当に「指示」かもしれないので、探りを入れながら様子を見る！
一昨日おっしゃっていたプラン変更の件、今関係者にヒアリングしていますが……

**上司の指示をいったん寝かせ、2、3日様子を見てみましょう**

アドバイスしておきます。

もちろん、本当に指示の場合もありますから、こちらから「一昨日おっしゃっていたプラン変更の件、今関係者にヒアリングしていますが……」などと、さりげなく探りを入れておくことが必要ですし、今は実行に移さなくとも、いつか実行されることもあるかもしれない、とそれを忘れないでおくことです。そうすれば万が一「やってなかったのか！」と急発進を命じられても慌てることがありません。

そのようなフォローをしておくのも、プレイングマネジャーの役割といえますし、業務負荷を分散するために「あえて寝かせてみる」といったチームコミュニケーションならではの手法を大いに活用していただきたいと思います。

# 50 シマウマでもできる！「断る力」コミュニケーション

正しいことを、正しく言えばOK——仕事力を磨きたいのなら、この考えは捨てる必要があります。

私が改めて言うまでもなく、**仕事というのは「思いどおりにいかない現実との、刷り合わせの連続」**。つまり時には正しいことも、相手の状況を慮りながら、変化球で伝えなければいけないケースというのは、利害関係が複雑な仕事の現場においては、ままあることです。

しかし逆の言い方をすれば、**変化球さえ覚えれば、言いにくいことを直球で伝えるよりむしろ効果的なコミュニケーションができるということ。**相手の神経を逆なですることなく「NO」と言えれば、「言いたいことをズバッと言えなくて……」と悩む必要はありません。

たとえば、新規プロジェクトのための市場リサーチをおこなうとします。あなたはすでに発注済み、リサーチ会社も調査を開始した段階になって、「すごくいいリサーチ会社を見つけたんだよ。今進めてくれている市場リサーチ、今から変更できないかな」と上司が言ってきたらどう対応するでしょうか。

「ご報告した会社がすでに調査を始めています。プロジェクトのキックオフまでギリギリのスケジュールですから、今からの変更は難しいです」

これが正しい事実を伝えていることに間違いはありません。しかしこの場合、上司は無理難題を吹っかけて、あなたを困らせようとしているのではない。ベターな案をシェアしたいという善意で言っているわけです。したがって変更が本当に無理だとしても、正論をふりかざすより、たとえ提案を却下するにしても、相手が気持ちよく引きさがってくれるコミュニケーションをすべき。上司もスムーズに「なら仕方ないね」と言えるようなコミュニケーションです。

「そんなにいいリサーチ会社なんですね。スケジュールは厳しいのですが、調査のクオリティが上がるようであれば、一度調べてみる価値はありますね」

実際は「忘れてほしいな……」という願いを込めつつも、上司のアイデアを一度引き取ってください。このときポイントとなるのが、「調査のクオリティが上がれば」と上司の本意を先取りしたコメントをすることです。そうすれば「（残念そうに）やはり、スケジュール的に無理でした」と断るにしても、上司は「本意を理解した上でのNGだからやむを得なかったのだろう」と引き下がりやすくなるのです。

こんな「かわす」コミュニケーションを身につければ、シマウマ型マネジャーこそ、最強の「断る力」を得ることができるのです。

# 51 鬼軍曹上司を鬼にしない4つのポイント

かつて私には、当たりが厳しく要求が高く、話し方すらコワイ……という、いわゆる〝鬼軍曹タイプ〟の上司がいました。難易度が高い予算を「絶対命令！」という雰囲気で任されるときは、いつも大変なプレッシャーでしたし、ケアレスミスなどしようものなら一喝されます。

そんな上司と「今日は膝詰めでミーティング」という日には、いつもはコンタクトレンズなのにわざと眼鏡で出勤し、ミーティング時に上司の顔を正視するために、眼鏡を外してミーティングルームに入ったこともありました。

「裸眼でぼんやりとしか顔が見えなければ、目を見て話せる……」という、なんともお恥ずかしい話です。

しかし、当時の上司の鬼軍曹ぶりは仕事と部下に対する本気度の裏返しであり、鬼と言われるほどの態度をとり続けることが、いかにエネルギーを必要とすることか、今になってみれば痛いほどわかります。が、部下にとっては、裸眼でぼんやりとでしか顔を拝めないくらいこわいものはこわいのですから、これではお互い不幸だともいえます。

なぜなら鬼軍曹も、鬼でなくていられるのであればそれに越したことはないからです。

そのために部下が日常で心がけてほしい、上司を鬼にしないためのコミュニケーションのポイントを挙げておきましょう。

### ①大事なことは口頭で伝える

鬼軍曹上司がこわいからといって、口頭でのやりとりを避け、メールに逃げる……。この「逃げ」は見破られてしまうので、鬼をますます鬼にしてしまいます。少なくとも上司が席にいるのに、席に行かずにメールするのは避けるべきです。

万が一、上司が離席していてすぐに報告できないという場合でも、多少は待って口頭で伝える方が二度手間になりません。なぜならメールを送っても、上司から呼び出されて結局報告のやり直しになるケースが多いからです。

上司が離席している場合、もしくは自分がすぐに上司の席に行けないときは、「急いでお伝えしたかったので」とサマリーをまずメールで送っておき、「詳しくは後ほど口頭でご説明します」と書いておくという〝前フリ〟メールが有効です。なぜなら、これは逃げのメールではなく、メール特性を活かした攻めのメールだからです。

## ②プレイングマネジャーたるもの、何でもかんでも報告しない

鬼軍曹上司を恐れて、直接対決を避けるのがNGなのは前述のとおりですが、逆に失敗して叱られることを恐れるあまり、細かいことまで逐一確認したり、また報告の際に、緊張のあまりディテールまでだらだらと話すのも、鬼化させる要因となります。

上司が鬼になるということは、プレイングマネジャーのあなたに期待しているからです。つまり、**やれるところは自分で判断せよ**という裁量を持たせたいと思っています。それなのに何でも上司に聞いていては、上司の期待を裏切り、鬼をますます鬼にしてしまうだけです。

したがって勇気は勇気でも、鬼上司の席に向かう勇気より、自分の裁量で判断できるところはする、という勇気を持ってください。

また、「A社との契約、担当者にはいったん断られたのですが、その後、ウチの部でミーティングをしまして、翌週、アプローチを変え、さらに担当者の上司も巻き込んでプレゼンしたら、無事500台の契約がとれました」

こういった細かい報告は鬼軍曹上司には必要なし。まず、**「無事500台の契約がとれました」と結論だけ述べてください。**その後は「なんで？　担当者から断られたって言ってなかったか？」と**上司からの質問に答えるQ&A式コミュニケーション**がお互いにとって有効です。

### ③叱られたら「間」をとる

上司から厳しい叱責をくらえば、誰でも冷静ではいられません。それが鬼軍曹であればなおさらですが、そんなときは慌てて言い訳や言い逃れをしたくなります。しかし、上司はもうあなたを「クロ」だと思っているので、そのような態度は火に油を注ぐだけです。

ひとしきり厳しい言葉を浴びせられ、「どうなんだ？」と問い詰められたときは、まず「申し訳ありません」の一言、そして少し間をとることです。上司の気持ちを慮った「（叱られるようなことをして）申し訳ありません」の一言は上司を少し安心させます。さらに一呼吸「間」をとって自分のペースを取り戻したら、ここからがあなたが話す番です。

### ④上司をさりげなく気遣う仕草を身につける

鬼軍曹系の上司は、彼（彼女）なりに周囲に気を遣っています。部下に恐れられて気軽に話しかけられることもあまりない。むしろつらく孤独なのは上司のほうです。したがって、なんとなく目が合ったときには、慌てて下を向かずに「？」と目で聞いてみたり、「何かありましたか？」と声をかけてみたりと〝聞いていますサイン〟を出すこと、そしてあなたから話しかけてみる機会を作ることです。こうして、叱られる理由がない状況で少しずつ上司との距離を縮める工夫を続けていけば、鬼が鬼でなくなる日は必ずやってきます。

PART 5

# プレイングマネジャーのための トラブル時のFAQ

仕事の現場とは、想定内で回っていることのほうが珍しく、「**想定外の出来事**」「**不測の事態**」**の連続が日常**です。ましてマネジャーであれば、自分のことだけではなく、部下の失敗やプロジェクトのトラブルなど、不測の事態は倍々で増えることになります。

そんな「**トラブル時**」**こそ、コミュニケーションの出番**です。

そして、その相手は対クライアントといった社外もさることながら、やはり立場上、社内のものが多くなります。なぜなら、**クライアントとのトラブルとは結局、その対処のために社内で取り扱われる**ものであるからです。

たとえば、部下がミスをしてクライアントと問題を起こせば、トラブル対処のためのコミュニケーションの主な相手は部下になります。

あるいは、自分のクライアントからのクレーム対応のために、場合によっては他部署に対して、あなた自身がクレームを言わなければことあるでしょう。

また、社内プロジェクトにはたいてい何かしらの問題や抜けがあり、目標達成までには山あり谷あり。そこに、利害も立ち位置も経験も違う人間がともにチームとして取り組むのですから、社内調整なしでプロジェクトをスムーズに遂行するのはむずかしいものです。

また、あなたにも一度は「会社に行きたくない」と悩んだ経験があると思います。

「行きたくない」理由は、人間関係、気の重い仕事などさまざまだとは思いますが、ダントツで重いのは、**失敗してしまった、トラブルに巻き込まれてしまったとき**ではないでしょうか。

「自分の部下がクライアントに迷惑をかけてしまった」

「利害が折り合わない他部署とのプロジェクトを任されてしまった」

「大失敗をしてしまった」など。

しかしこんなときにこそ、正しいコミュニケーション対応ができれば、相手を人間的に傷つけたり、関係に溝が入ったりすることなく、トラブルを迅速に解決できるはずです。

逆に考えれば、**トラブル対応とは、コミュニケーションが最もその威力を発揮するもの**。すなわち**自分のコミュニケーションスキルを磨くためには最適の場面**といえるでしょう。

# 52 クレームが熱いうちに部下を叱る

繰り返しになりますが、私は〝叱るのが苦手な上司〟でした。自分の上司から「もっと部下に厳しいことが言えないとダメだ」と叱られていたくらいです。

ただし、日頃の勤務態度や仕事の進め方等、1分1秒を争うものでなければ、叱らずに正す方法もあります。どのようにコミュニケーションすべきかを、じっくり考える余裕もあります。ところが本当に深刻かつ緊急事態といったトラブルであれば、いくらシマウマ型マネジャーでも、部下を叱らなければなりません。

緊急事態はたいてい、迷惑をこうむった相手から伝わってきます。

「ちょっと、いったい部下にどういう教育をしてるんだよ。おたくのAくんがトラブルを起こしたせいで、うちのクライアントにまで迷惑がかかってるんだけど！」

他部署のプレイングマネジャーから直クレームが届く――こんな具合です。

たちまちテンションが上がり、カッと頭に血がのぼるかもしれません。

そんなとき、いわゆるビジネスセオリーでは、「まずは冷静になって考えましょう」と説くかもしれませんが、シマウマ型上司にとっては、このカッとなっている状態こそチャンスです。

その感情の勢いを借りて、ストレートに部下に切り出すことができるからです。

感情的になれというわけではありませんが、**へんに自分の中でこねくり回したり、コミュニケーションのやり方を考えあぐねるより、素直にぶつかっていくほうが、事の重大さが素直に伝わります。**

なぜなら、部下にしてみれば、普段は冷静で穏やかなシマウマ上司が感情むき出しでぶつかって来るわけですから、それだけで「ただごとではない」ということが理解できます。

むしろ、コミュニケーション方法を考えている間に過ぎていく時間は、トラブル解決の観点から見れば、単なるロスタイムとなります。

ただし、いきなり切り出すのがいいからといって、みんながいる前でやってはいけません。**「ほめるときは皆の前で。叱るときは1対1で」がセオリーです。**

そしていくら叱るとはいっても、怒鳴って部下をおびえさせるのではなく「今、営業二課の○○課長から急にクレームが入ってびっくりしてるんだけど！　至急手を打たないといけないから、何があったか今ここで全部説明して！」と**感情を込めながらも、指示は冷静かつ明確に伝えてください。**これが「怒る」のではなく「叱る」ということです。

# 53

# 日常の〝ゆるみ〟をトラブルに育てない方法

「あいさつしろ、遅刻するな、報告を忘れるな、すぐ連絡しろ……。もう、これじゃ上司というより先生だよ」

時折、こんなふうにぼやくプレイングマネジャーがいます。業務だけではなく、仕事のマナーなど基本事項まで細かく注意する役割を面倒だと思う気持ちは、私にもわかります。

しかし、日常的なあなあやゆるみは、お互いの関係に百害あって一利なしです。

したがって、多くのプレイングマネジャーは若い部下に教育を繰り返すことになりますが、残念ながらお小言を言えば言うほど、相手はだんだんお小言を言われることに慣れてきてしまうケースもあるようです。

私も似たような経験をした結果、**こうるさい注意は効果が薄いと悟りました。**いくら大学を出たばかりでも、社会人であり大人である部下に対して先生のごとくふるまっていては、彼らの自立の妨げとなります。仕事のパートナーとして育てたいのならなおさらです。

そこで考えついた注意の方法が**「平等のアプローチ」**。たとえば、若手の部下と1対1のミーティングで相手が遅刻してきたら、怒らずにこう言うのです。

「お互い、一生懸命調整してこの時間を作ったんだよね？　あなたも忙しいだろうけど、私も忙しい。そんな中でせっかく作った1時間なのに、その苦労の賜物を15分も失ったことになっちゃったよね」

前の仕事が長引いたからと遅刻を正当化したり、「お客さまに呼ばれたから、営業会議は出なくていいか」と、仕事の優先順位を自分で勝手に決めたり、言い訳するだけで遅刻のお詫びもきちんとできないような部下には、「仕事は自分ひとりでしているものではない」というビジネスの大原則を、大きなトラブルにならないうちに学んでもらわねばなりません。

そのような場面では、「上司とのアポに遅刻するなんて、何考えているの！」と叱るより、相手の立場を尊重した〝諭す〟伝え方のほうが、部下に相手の立場や気持ちを気遣うことに目覚め、犯した誤ちを実感させるためには有効な気がします。

また、特定の誰かではなくチーム全体のゆるみを注意する際は「この人ならちゃんと受け止められる」と信頼している部下に〝叱られ役〟を担ってもらうといいでしょう。「申し訳ないけど矢面に立ってほしい」という上司の無言のメッセージを理解できるような、スキルの高い部下を選ぶことが大切です。ただ、これはあくまでイレギュラーな例で、叱るときは1対1が基本なのは、言うまでもありません。

# 54 時には〝あえて〟キレてみせる

プレイングマネジャーなら皆、共感してくださると思うのですが、怒っていなくても、「あえて叱らなければならないとき」があります。

瑣末《さまつ》な例ですが、チーム全員が決められた提出物を期限までに出してこないとします。最初はおだやかに催促していますが、そこになあなあのムードが入り込んでくると危険。誰もが「まあ、いいか」という認識になり、提出期限を守らないルーズさが、勤務態度全般や仕事ぶりにも波及していく恐れがあります。

さすがに、私も厳しく注意しました。しかし、全員に対してでは迫力が中和されて印象に残らないのです。そこで申し訳ないのですが、前項の例のように、チームの中で一番信頼できて能力がある部下を、みんなの前で叱ったのです。

内心では「見せしめになってくれ。ごめん！」という気持ちなのですが、人前で誰かが叱られると皆ハッとします。**叱られる本人と〝観客〟との相乗効果が期待できる**のです。

また、訴えたいことが伝わりにくい相手には、素の自分であればありえないようなオーバーアクションもしていました。

たとえば米国本社のとある担当者に、日本支社の一プレイングマネジャーの私の訴えが、軽くスルーされたことがありました。そこで、普段なら絶対使わないような激しい抗議文章を書き、あえて自分の上司やその上の上司までＣＣを入れてメールしたのです。すると、普段厳しいことを言わないシマウマらしからぬメールですから、上司たちも「田島どうしたの？」と注目し、事情がわかればサポートしてくれました。〝菩薩《ぼさつ》もキレる〟というのは滅多に使わない手だからこそ、効果があるようです。

さらに、**怒りの感情を活用して、チームの信頼を得る方法もあります。**

たとえば、部下がコツコツがんばってとった契約を、クライアントの一方的な都合で反故《ほご》にされたとします。言い分を聞くと、いくらお客さまであっても、こういうことが二度と起こることがないよう、抗議しておかなければ示しがつかないというケースです。

ここで〝出張る〟のが上司の役割。そんなときは**チーム全員が席にいるような時間帯にあえて電話をし、全員の前で抗議します。**

結果としてあきらめざるを得ないとわかっていても、こんなことが二度とないように「納得していない」という意思を示すことが主目的ですが、何よりそれは、**部下のために真剣に抗議する姿をチームに伝えるためのコミュニケーション手段**になりました。

# 55 クレームは、相手の良心に訴える

社内の人に対して、もの申さなくてはならないケースもたくさんあります。

たとえばあなたが、営業部の各担当から予算のシミュレーションデータを集め、報告書を作成するための取りまとめ担当だとします。しかし、全員のデータが期日までに揃わなければ作業ができないのに、Aさんだけが遅れています。

実はAさんは、以前この取りまとめ役を務めていたことがあり、自分が遅れていることで作業が滞っていることは重々わかっているので、内心「ヤバイ」と思っています。

この状況で、どうAさんにクレームを言ったらいいでしょうか？

相手に非があるのですから、真正面から「以前担当していたんですから、事情は一番わかっているのに、なぜ締め切りを守っていただけないんですか？」と言うのはもちろん間違いではありません。

ただ、「自分が悪い」とわかっている相手に、「悪いことをしたとわからせる」ための直球コミュニケーションで攻めてもよいものでしょうか。すでにAさんは自分の非を認めているのですから、直球ではなく変化球が求められるケースもあるのではないでしょうか。

そこで提案したいのは、**良心に訴えかけるクレーム**。厳しいもの言いをする必要はありません。相手を責めることもなく、ただ困っている状況を訴えるだけです。

**「ほかの人は事情を知らないから、その都度リマインドしてましたけど、Aさんは大丈夫だと思っていました。だからあえて催促もしなかったのに……残念です」**

「残念」という言葉を使った「Aさんを信じていたのに、なぜこんな事態が？」というアプローチは、Aさんの良心に訴えるものがあります。30分後にはお詫びの言葉とともにデータがメールされてきたということを私は何度も経験しました。

**「あなたともあろう人がどうして（涙）？」**

**「忙しいAさんにリマインドしなかった私も悪かったかもしれませんが……」**

**「もしかしてすでに送ってくれたかと、受信ボックス見直したんですけど……」**

このくらいの柔らかい訴えのあとで、「Aさんのデータがないと報告書ができず、部全体の会議に間に合わなくなります」という**客観的な事実を正確かつ淡々と伝えれば、クレームとして十分に機能します。**

これはクレームのみならず、ミスの指摘にも役立ちます。

# 負けないための「冷静コミュニケーション」——56

協力しなければならないのにうまくいかない。

共に働く相手と関係がこじれてしまうのが、私にとって一番苦しい仕事の場面でした。

自分と相反する意見を持つ相手を力技で説得しても、感情部分で協力してもらえていなければ、事あるごとに抵抗感を示されたり、交渉が難航することはままあります。共にプロジェクトを成功させるという業務目標は限りなく茨《いばら》の道となるのです。

したがって、それを避けるために、プロセス確認やコミュニケーション方法など、相手から土壇場で拒否されることがないよう、できるだけ周到にお伺いを立てながら進めるという方法をとってしのいできました。

しかし、いくら自分が非戦を標榜《ひょうぼう》していても、先方からの攻撃を防げないこともあります。

「この企画書、ウチの営業たちからものすごく評判が悪くて、協力が得られないいんだよね。このままだと協力したくともできないんだけど」などと責められる場合です。

たしかに、その企画書の作成者はあなたですが、そのプロジェクトを採用したのは会社としての総意。このまま引き下がっては、あなた自身が与えられた業務を遂行できなくなります。

言い争いに勝つ必要はありませんが、業務で失敗はできません。こんなときに必要とされる、**負けないための作戦が「冷静コミュニケーション」です。**

ポイントは2つあります。

まず、相手が攻撃してくるとき。先方は感情的になっています。そんなときは、**話をすべて聞き出してください。**コミュニケーションは心理戦。**相手が感情的になっているときは、本音を知るチャンスでもあります。**そしていったん**「わかりました、対処させていただく時間をください」**と引きとり、こちらの応戦は少し時間をおいてからにします。これは先方のクールダウンを期待するためです。

もう1点はメールの活用です。

冷静コミュニケーションにおいて、メールは強力な武器となります。まず、メール上では感情的なやりとりはこちらからは一切しません。**メールでおこなうのは相手に伝えるべき業務連絡や進捗状況そして依頼事項のみ。**そして、宛先は本人だけではなく、**上司含め必要最低な関係者全員にCCを入れること**（連絡や報告であれば、関係者をCCする必要がある理由になります）。

最悪、当人同士で関係が改善できなかった場合、双方の上司も巻き込んで、解決を図ることもありましたが、そんなとき、メールのログは重要な情報源となりました。

しかし、メールを活用する目的は「言った・言わない」の言質をとることではなく、あくまでコミュニケーション改善のための一手段です。

なんとか関係を改善して、「お互い悪かったかもしれませんね。じゃあ、次はどうしましょう?」とゴールに向かって双方が歩み寄り、共に歩きたいからです。

## 負けないための「冷静コミュニケーション」

POINT
**すべてを聞き出す**

**相手の話をすべて聞き、「わかりました、対処させていただく時間をください」と間をおく**

POINT
**メールを活用する**

- **感情的なやりとりはしない**
- **伝えるのは、業務連絡や進捗状況、依頼事項のみ**
- **上司含め関係者全員にCCを入れる**

57

# 上司に叱られたあとは、すぐ〝謝り直し〟に行く

「これは、私の仕事人生で最大の失敗だ……！」

そのミスに気づいたときの衝撃は、今でも忘れられません。最悪の場合、職を失うことも覚悟しました。

当時の私の上司は鬼軍曹タイプの人。チームの皆や幹部まで揃ったミーティングの席で、涙すら出てこないほど徹底的に叱り飛ばされたことは言うまでもありません。

頭の中は真っ白。言葉のきつい上司に叱られるなんて慣れているはずなのに、己のミスの重大さにただ「申し訳ありません！」と繰り返すことしかできませんでした。

ようやく悪夢のミーティングを終え、沈み込むように自分の席に戻りましたが、上司も席に戻ったのを見て、私はすぐに立ち上がりました。

つい数分前まで繰り返し続けた言葉――「すみません。ご迷惑をかけて、申し訳ありませんでした」を改めて言いに行ったのです。

勇気を振り絞って席に行って声をかけると、上司は「ちょっと2人で話し合おうか」と、すぐに時間をとってくれました。結果として、その日1日を、ただ悶々としながら自己嫌悪で

**過ごすのではなく、失敗をリカバリーするための「アクションアイテムのリスト作成」に変えることができた**のです。

このときは「もう、私はクビになる！」と切羽詰まっていて、冷静に考えてやったことではなかったのですが、今になってみると思うのです――**叱られた直後の「謝り直し」こそ、私を救ってくれたコミュニケーションの一手だったと。**

自分が上司になってわかったことですが、部下を叱ったあと「あんなに叱ってヘコんでないかな」と、一番心配しているのは上司です。そうかといって、叱った手前、自分から優しく話しかけるのも気まずい。そんなときに、部下のほうから謝ってきてくれたら「思ったより冷静だった」と安心します。かつての私の上司も、そのように感じてくれたのではないかと思っています。

また、勇気を持ってすぐさま「謝り直し」に行ったことは、私自身が落ち込んだ状態から早く立ち直るという、ストレス軽減のきっかけにもなりました。

リカバリープランをすぐさま持っていく必要はありません。

大切なのは叱られっぱなしにしないこと。「謝り直し」をし、上司・部下ともに、いったんラクになることです。この大失敗は、コミュニケーションの力を知る貴重な経験となりました。

## 58 たとえ自分が悪くなくても、第一声は「すみません」

前項の続きになりますが、叱られたときの第一声は「すみません」。これに尽きます。

たとえ身に覚えがないことでも、言い訳をするに足る十分な理由があるとしても、第一声は「すみません」もしくは「申し訳ありません」であるべきと私は考えます。

叱られることが好きな人はいないでしょうが、叱ることが好きな上司もいません。

叱るという行為はエネルギーを要するコミュニケーション。つまり叱られるということは、上司が自分に「本気」で接していることの最上位の証でもあります。

したがって、身に覚えがなかったとしても
「私のために、叱るというエネルギーを使う行為をさせてしまった」

「心配をかけた」

「誤解を受けるような仕事をしてしまった」

と思えば、「すみません」と頭を下げることにストレスはないはずです。

むしろ、「ちょっとご説明させてください。これには事情がありまして……」と上司の話をさえぎることは、あなたを「クロ」だと判断して叱るという行為に踏み切った上司を否定することになります。叱られれば誰でも動揺しますし、すぐに言い訳をしたくなるのが人情ですが、叱られる理由をこれ以上増やす必要はありません。

また、第一声を「すみません」で始めるのにはメリットがあります。

上司の感情が高ぶっている場合、すべてを先に吐き出してもらったほうが、上司も落ち着き、その後の話が進めやすくなります。

そして上司が話し終わった後に、まず潔く「すみません」と発することができれば、上司には「コイツはちゃんと話を聞いていると」と判断し、事情を聞こうと耳を傾ける余裕が生まれるでしょう。

そこではじめて状況を説明すれば、「オレもちょっと言いすぎた。誤解があった」となるかもしれません。時には叱られ損ということもあるでしょうが、結果として解決策について話し合えれば、**「すみません」と謝ったところで勝ち負けの問題ではないのですから、コミュニケーションとしては成功なのです。**

**非を認めることは、次へ進むためのステップでもあります。**

謝るときは潔く謝る――これは相手が上司だろうと顧客だろうと部下だろうと同じことです。

## 外資の知恵①
# あえて下手な英語で話す

上手に話そうとしないこと――まず、これを覚えておいてください。

流暢な英語ができるに越したことはありませんが、発音がヘタでも、文法がおかしくても、大事なのは**あなたの言いたいことが「通じている」**ということです。

ビジネス英会話の目的は美しく話すことではなく、**あくまでビジネスの目的を果たすこと。**ネイティブは〝ガイジン〟のあなたに、流暢さは期待していません。

たいていの場合、つたない言葉のその先、つまり「この人は何を言おうとしているのか」を見てくれているものです。

逆の立場で考えてみれば、すぐにわかります。外国人が日本語を話しているとき、私たちにとって重要なのは、発音や文法より、彼らが何を伝えたいかではありませんか。

**「英語がうまい」と感心させるより、「この人の提案は正しい」と思わせることのほうが、はるかに大切です。**

的確な意見を述べ、同じビジネスをしている人間として信頼されれば、たとえ文法や発音は不完全でもコミュニケーションに支障はありません。

マイクロソフト時代、私の大上司が、まさにそのパターンでした。

彼が話すのはいわゆる〝日本人英語〟でしたが、その意見が鋭いため、本社の外国人はみな真剣に耳を傾けていました。その様子を見て、「あ、上手じゃなくてもいいんだ」と実感した記憶があります。

ソニーの創業者・盛田昭夫さんがお話しになったのも、発音はカタカナ風かもしれませんが、実に歯切れがよく、主張がはっきりとしたビジネス英語の一例でしょう。

無理にがんばって難しい言い回しをしたり、相手のペースに合わそうすると、「この人はしゃべれるんだ」と誤解され、スピード英語で一気にたたみかけられます。そうなると途中でついていけなくなり、結局、自爆するはめになるのです。

したがって、流暢な英語を話せない私は、できる限りゆっくりした日本人英語で通しました。私がつたなく話せば、相手は逆に話を理解しようと集中してくれますし、ゆっくりしたペースで私に話しかけてもくれます。

このように、**相手を自分の英語のレベルに巻き込んで、言葉が仕事の支障にならない工夫をする**ことが、ビジネス英会話の重要なスキルです。

## 外資の知恵②
# 相手のフレーズをどんどん真似する

これは会話でもメールでも活用できる方法なので、おすすめです。

仕事相手の外国人が使っているネイティブの言い回しや単語を、自分も真似して使ってみることです。

ビジネス英会話の本を買い込んで勉強するより、現場で使われているフレーズ。日々の業務で簡単に身につけられますし、これほど即効性があるものはないでしょう。「これを知っていれば、この一言で済む」という単語、ネイティブが好んで使う「キメのフレーズ」など、同じ仕事をしている外国人から盗める英語はたくさんあります。

たとえば「leverage」という動詞。マイクロソフト時代、本社の人間が彼らの企画書やプレゼンテーションによく使っていることに気づきました。「てこにする」という意味のこの単語が、戦略説明の際の「お約束ワード」だったのです。

相手が良く使う言葉を盗むメリットは、自分のためだけではありません。

外国人の立場に立って考えてみると、つたない英語を操る日本人との意思疎通に、若干の不安を感じているはずです。そこへあなたが、自分がよく使う単語や言い回しをうまく使って応じれば、「ああ、通じている。わかってくれているな」という相互理解につなげることができ、コミュニケーションがスムー

**ズになります。**

ミーティングの際、重要な単語をオウム返しに繰り返すだけでも、「そうだ、ここを押さえてくれているから大丈夫だな。伝わっている」とミーティングの進行がスムーズになるはず。

**同じ単語、言い回しを使うと、お互いに理解しやすくなる**——これは英語に限らずすべての言語に共通する事実だと思います。

Part3（相手の「マイブーム語」を意識的に使う）でも紹介した、バックトラッキングの手法は、こうした母国語ではない言語にこそ有効。積極的に用いて言葉のハンデをカバーしていきたいものです。

## 外資の知恵③
# 英文メールはシンプル・数字・ストレート

外資に限らず、海外とのコミュニケーションの主流はメールという人が多いと思います。そこで私が実践していた、英文メールのコミュニケーション・ポイントを紹介します。

### ①一文を長くしない

「日本人の英語は長い」というのが、英語ネイティブの一般的な意見のようです。私にも経験があるのですが、ていねいに説明しようとするあまり、放っておくと、どんどん一文が長くなってしまいます。

例えば、何か結論や依頼をするために、その経緯や理由を長い文章で書き綴るのがいい例です。**説明そのものは重要ですが、まずは結論や依頼事項を冒頭に、そして簡潔な文章で切り分けて書くことが効果的です。**

忙しい中、相手も多くのメールをさばいているのですから、簡潔な文章は多少ビジネスライクに映るとしても、意図は伝わりやすいので、結果として相手のスムーズなアクションにつなげることができます。

また、日本語と英語では文章構造がまったく違うため、語学スキルが高くないのに長く書くと、余計わかりにくくなってしまいます。

**○良い例** 1) This is urgent. I would like you to come to Tokyo to visit my client. Because....

**×悪い例** 2) As known, recent Japanese economy recession has been really serious and my client has also been facing some business problem, and they ask some financial help to me, so I would like you come to Tokyo to visit my client immediately.

会話同様、シンプルでも伝えたいことを明確に伝えるという目的意識を持って、メールに向かうといいと思います。

**②長い説明より、一目でわかる数字やデータを活用する**

海の向こうの外国人を動かしたいのであれば、〝心を打つ熱い長文メール〟を書くより、主張を裏づける数字やデータを利用しましょう。海の向こうにいる相手は、こちらの状況を100％把握できていません。したがって**相手のGOサインを引き出すためには、それを促す客観的な情報のほうが強いメッセージとなり得るのです。**

しかも、数字やデータは語学が苦手でも関係ありません。

**③冒頭と末尾がメールの成否を決める**

私の経験上、メール内容から察して何かアクションを自発的に起こしてくれる外国人はあまりいません。そもそもおぼつかない英語力、何よりビジネス文化が違うのですから、頼みごとが目的のメールならば**「○○を××までにしてくださ**

い」ときっぱりと伝える必要があります。

・要点は、相手が必ず読むメールの冒頭か、末尾に書く。文中だと飛ばされる恐れあり
・冒頭であれば、I would like to ask your decision. とか I need your advice. など先方のアテンションを促すものを入れる
・末尾であれば、Please let me know your schedule by XXXXX. とか Could you reply back by XXXXX. など具体的なアクションを指示するものを入れる

これができていれば、どんなに途中の文章がわかりにくくても、相手から返事をくれる確率は高まります。たとえ返事が来なくても、「あの件はどうなりましたか？」と確認がしやすくなります。

英語に自信がなければないほど、冒頭と末尾の一文には力を注いでください。

## ④気を遣わずダイレクトに表現する

コミュニケーションに気配りは必須事項ですが、こと英語に関しては、気を遣わないくらいがちょうどいいと思います。なぜなら**きついぐらいの直接表現の方が、主張がダイレクトに伝わるからです。**

一例を挙げれば、**「I wish」と書くより「I need」にする**という感じです。「え〜っと、この場合はmayがいいのかcouldがいいのかshouldにしておくべきか？」などと悩む必要はありません。相手はあなたに微妙なニュアンスを求めてはいません。

前述しましたが、余程自分の英語に自信がない限りは、自分の英語のレベルに合わせてもらうというのが重要です。ストレートな分、意思疎通がスムーズになります。

ただし、相手がクライアントなどの場合は、最低限のていねい語で臨んでください。

外資の知恵④

# 「お助けツール」を使いこなす

英語コミュニケーションが苦手だった私にとっての「お助けツール」、それはパソコン上でのインスタントメッセージです。

インスタントメッセージの素晴らしいところは、会話力がなくとも同等のコミュニケーションがリアルタイムでできることです。

チャットをしているときは、外国人自身もかなり適当な英語ですから、こちらも臆することはありません。

「絶対に使ったほうがいいツール」とさえ言えます。

私のインスタントメッセージの裏技は、本社との電話会議（カンファレンスコール）にパソコンを持ち込むこと。それでなくとも電話というのは顔を突き合わせて話すより、相手の会話が聞き取りにくいもの。そこで、電話の向こうの言葉が聞き取れなかったときは、「今、彼なんて言ったの？（What did he say?）」と、同じく向こうで会議に同席している仲良しの外国人に、インスタントメッセージでこっそり聞くのです。

実際、外国人同士の会話は私にとっては猛スピードです。議論が白熱すれば一度に複数が話しだしたりと、ますます理解は困難を極めます。途中でついていけなくなることもしばしばだったので、この裏技にはずいぶん助けられました。

ただし、インスタントメッセージを使っても、正しく聞き取れたか自信がない部分も多々あります。そこで、もうひとつの裏技が**「この電話会議の議事録は私がまとめます」と立候補する**ことです。

そうして、自信がないところも含めて議事録をメールにまとめて参加者に送信する。そうすると間違った箇所に対して、「これは会議で話したことと違いますよ」というリアクションがくるので、そこを修正すれば**会議の理解が100％になる**わけです。

さらに「本当に重要な会議で、どうしてもその場で100％理解できないと困る」というときは、恥をしのんで帰国子女など英語がネイティブ並みにできる部下に同席を頼んでいました。

**インスタントメッセージ、メール、人——活用できるものは全部駆使して、英語に対する自分の労力を減らしましょう。**

英語もまた、あくまで業務達成のための道具にすぎないのですから。

# おわりに

## これからの時代のプレイングマネジャーを目指して

今振り返って、果たして自分がプレイングマネジャー時代を面白がっていたかというと、まったくもってその逆でした。一筋縄ではいかないコト、ヒトばかりで、そのせいで「自分はこの会社には向いていない」と思い悩んだ時期もあったほどです。

本著には、私自身の実例を数多く紹介しています。自分の弱みを克服するために日々腐心していたことが、結果的にコミュニケーション力を磨くことにつながったのですが、本書でご紹介しているさまざまな〝悪あがき策〟は、自分自身、それをコミュニケーションスキルの鍛錬として自覚していたわけではないのです。

だからこそ、後になって自分が磨いていたのはコミュニケーションだったということに気づいたとき、プレイングマネジャーにとってのコミュニケーションが、いかにコアな仕事力であるかということを思い知らされたのです。

コミュニケーション論についての書籍はたくさんありますので、この本は「具体的実践本」

としてお役に立ちたいという願いを込めて書きました。

ただし、本文中でも書きましたがコミュニケーションとは十人十色。ここでご紹介している内容が、そのままそっくり皆さんの事情に当てはまらないことも多いでしょう。目的と意図をご理解いただけるよう、なぜこのシチュエーションでこの方法なのかという解説もつけていますので、ぜひそこからあなた自身のオリジナルのコミュニケーション手法を編み出していただきたいと思います。

私たちは組織で働いている限り、たとえどんな時代、どんな組織構造になろうとも、部下や上司など周囲の人間との関わりを抜きに、仕事を語ることはできません。だからこそ、私たちは今まで以上に「人と働く」ということを意識しなければならない。さまざまなバックラウンドを持つ、多くの人間と関わるプレイングマネジャーにとってはなおのことです。今後、コミュニケーション力とは、ますますビジネスの現場で求められる、必須の仕事力になるといっても過言ではないでしょう。

最後に本著を出版するにあたり多大なるご協力をいただいた、ダイヤモンド社の和田史子さんと編集者の青木由美子さんに心から御礼申し上げます。また当時、落ちこぼれマネジャーだった私を指導してくださった上司各位、助けてくれた部下各位に、この場を借りて心から御礼申し上げます。

最後までお読みいただきありがとうございました。

2010年4月

田島 弓子

# ●参考文献

本著を執筆する上で、参考にさせていただいた資料、著書を紹介します。


「ビジネス・コミュニケーション白書 2010」（社団法人 日本経営協会）
「日本の中間管理職白書 2009」（社団法人 日本経営協会）
「コミュニケーション学」（末田清子、福田浩子 著／松柏社）
「知識創造企業」（野中郁次郎、竹内弘高 著、梅本勝博 訳／東洋経済新報社）
「はじめての課長の教科書」（酒井穣 著／ディスカヴァー・トゥエンティワン）
「人を助けるとはどういうことか」（エドガー・H・シャイン 著、金井壽宏 監修、金井真弓 訳／英治出版）
「エンパワーメント・コミュニケーション」（岸秀光 著／あさ出版）
「五感で磨くコミュニケーション」（平本相武 著／日経文庫）
「〈聞き上手〉の法則 人間関係を良くする15のコツ」（澤村直樹 著／NHK出版 生活人新書）
「たった一人で組織を動かす 新プラットフォーム思考」（平野敦士カール 著／朝日新聞出版）
「不機嫌な職場」（河合太介、高橋克徳、永田稔、渡部幹 著／講談社現代新書）
「『場回し』の技術」（高橋学 著／光文社）

［著者略歴］

**田島弓子**（たじま・ゆみこ）

ブラマンテ株式会社代表取締役。

1967年生まれ。成蹊大学文学部卒業。

IT業界専門の展示会主催会社などにてマーケティング・マネジャーを務めた後、1999年マイクロソフト日本法人に転職。

約8年間の在籍中、Windows 2000、Windows XP、Windows VistaなどWindowsの営業およびマーケティングに一貫して従事。

最終的には当時営業・マーケティング部門では数少ない女性の営業部長を務める。在籍中、個人および自身が部長を務めた営業グループでプレジデント・アワード2回受賞。

また社内幹部候補としてリーダーシッププログラム等への参加経験も持つ。

2007年キャリアおよびコミュニケーション支援に関する事業を行うブラマンテ株式会社を設立。個人および企業向けキャリア、コミュニケーションのコンサルティング事業、特に、「仕事が面白くなる」若年層向け働き方論、「女性の中間管理職を増やす」ための女性向けキャリア支援、女性の部下を持つ男性管理職のコミュニケーションなどをテーマに、社員研修、セミナーなどの活動を行う。

著書には『ワークライフ“アンバランス”の仕事力』（ディスカヴァー・トゥエンティワン）がある。

**プレイングマネジャーの教科書**
結果を出すためのビジネス・コミュニケーション58の具体策

2010年4月8日　第1刷発行
2011年3月16日　第7刷発行

著　者――田島弓子
発行所――ダイヤモンド社
〒150-8409　東京都渋谷区神宮前6-12-17
http://www.diamond.co.jp/
電話／03･5778･7236（編集）03･5778･7240（販売）

カバー・本文デザイン―華本達哉
編集協力――青木由美子
プロデュース―レバレッジコンサルティング株式会社
製作進行――ダイヤモンド・グラフィック社
印刷――――加藤文明社
製本――――ブックアート
編集担当――和田史子


ISBN 978-4-478-01211-6